绘画上的历史

西方艺术家

《中国大百科全书》青少年拓展阅读版编委会　编

中国大百科全书出版社

图书在版编目（CIP）数据

绘画上的历史·西方艺术家 /《中国大百科全书》青少年拓展阅读版
编委会编 . —北京：中国大百科全书出版社，2019.9
　　（中国大百科全书：青少年拓展阅读版）
　　ISBN 978-7-5202-0586-3

　　Ⅰ. ①绘… Ⅱ. ①中 … Ⅲ. ①艺术家—生平事迹—西方国家—青少年读
物 Ⅳ. ① K815.7-49

中国版本图书馆 CIP 数据核字（2019）第 208660 号

出 版 人	刘国辉
策划编辑	李默耘　程　园
责任编辑	李默耘
封面设计	WONDERLAND Book design 仙境 QQ:344581934
责任印制	李　鹏
出版发行	中国大百科全书出版社
地　　址	北京阜成门北大街 17 号
邮　　编	100037
网　　址	http://www.ecph.com.cn
电　　话	010-68341984
印　　刷	蠡县天德印务有限公司
开　　本	710 毫米 ×1000 毫米　1/16
字　　数	84 千字
印　　张	7
版　　次	2019 年 9 月第 1 版
印　　次	2020 年 1 月第 1 次印刷
定　　价	32.00 元

本书如有印装质量问题，请与出版社联系调换

序

百科全书（encyclopedia）是概要介绍人类一切门类知识或某一门类知识的工具书。现代百科全书的编纂是西方启蒙运动的先声，但百科全书的现代定义实际上源自人类文明的早期发展方式：注重知识的分类归纳和扩展积累。对知识的分类归纳关乎人类如何认识所处身的世界，所谓"辨其品类""命之以名"，正是人类对日月星辰、草木鸟兽等万事万象基于自我理解的创造性认识，人类从而建立起对应于物质世界的意识世界。而对知识的扩展积累，则体现出在社会的不断发展中人类主体对信息广博性的不竭追求，以及现代科学观念对知识更为深入的秩序性建构。这种广博系统的知识体系，是一个国家和一个时代科学文化高度发展的标志。

中国古代类书众多，但现代意义上的百科全书事业开创于1978年，中国大百科全书出版社的成立即肇基于此。百科社在党中央、国务院的高度重视和支持下，于1993年出版了《中国大百科全书》（第一版）（74卷），这是中国第一套按学科分卷的大百科全书，结束了中国没有自己的百科全书的历史；2009年又推出了《中国大百科全书》（第二版）（32卷），这是中国第一部采用汉语拼音为序、与国际惯例接轨的现代综合性百科全书。两版百科全书用时三十年，先后共有三万多名各学科各领域最具代表性的专家学者参与其中。目前，中国大百科全书出版社继续致力于《中国大百科全书》（第三版）这一数字化时代新型百科全书的编纂工作，努力构建基于信息化技术和互联网，进行知识生产、分发和传播的国家大型公共知识服务平台。

从图书纸质媒介到公共知识平台，这一介质与观念的变化折射出知识在当代的流动性、开放性、分享性，而努力为普通人提供整全清晰的知识脉络和日常应用的资料检索之需，正愈加成为传统百科全书走出图书馆、服务不同层级阅读人群的现实要求与自我期待。

《〈中国大百科全书〉青少年拓展阅读版》正是在这样的期待中应运而生的。本套丛书依据《中国大百科全书》（第一版）及《中国大百科全书》（第二版）内容编选，在强调知识内容权威准确的同时力图实现服务的分众化，为青少年拓展阅读提供一套真正的校园版百科全书。丛书首先参照学校教育中的学科划分确定知识领域，然后在各类知识领域中梳理不同知识脉络作为分册依据，使各册的条目更紧密地结合学校课程与考纲的设置，并侧重编选对于青少年来说更为基础性和实用性的条目。同时，在条目中插入便于理解的图片资料，增加阅读的丰富性与趣味性；封面装帧也尽量避免传统百科全书"高大上"的严肃面孔，设计更为青少年所喜爱的阅读风格，为百科知识向未来新人的分享与传递创造更多的条件。

百科全书是蔚为壮观、意义深远的国家知识工程，其不仅要体现当代中国学术积累的厚度与知识创新的前沿，更要做好为未来中国培育人才、启迪智慧、普及科学、传承文化、弘扬精神的工作。《〈中国大百科全书〉青少年拓展阅读版》愿做从百科全书大海中取水育苗的"知识搬运工"，为中国少年睿智卓识的迸发尽心竭力。

本书编委会

2019 年 9 月

目　录

贝利尼家族

意大利威尼斯画派早期代表画家家族，包括父子两代，共3人。

J.贝利尼（约1400—约1470）生于威尼斯，卒于威尼斯。曾随G.da法布里亚诺在佛罗伦萨作画。15世纪30年代后，他致力于透视等新技法的研究，他的一些素描草图使其儿子及女婿A.曼泰尼亚受益匪浅。

G.贝利尼（约1429—1507）生于威尼斯，1507年2月23日入葬于威尼斯。J.贝利尼之子。他继承其父衣钵，在15世纪后期成名于威尼斯。其代表作《圣马可广场上的游行》（1496），被誉为具有珍贵史料价值的写实作品。

G.贝利尼（约1430—1516）生于威尼斯，卒于威尼斯。J.贝利尼之子。他在发挥父兄画艺的基础上，进一步开创了可与佛罗伦萨画派比肩的威尼斯画派。他年轻时受姐夫曼泰尼亚影响较大，其后又从画家A.da梅西纳学习油画技法，遂自成一家。1483年，被威尼斯市

G.贝利尼：《圣马可广场上的游行》

政府任命为官方画家，并建立威尼斯最大的艺术作坊，培养了众多美术人才，乔尔乔涅和提香皆为其高足。他的创作以 1485 年为界大致分前后二期。前期作品强调线描，轮廓鲜明，代表作有《花园中的苦恼》（约 1460）；后期则色彩绚丽，善于烘托气氛，浓淡明暗处理微妙，代表作有《阿尔贝雷蒂圣母像》（1487）。

达·芬奇

意大利文艺复兴时期画家、科学家。

生平　达·芬奇生于佛罗伦萨郊区的芬奇镇，1519 年 5 月 2 日卒于法国昂布瓦斯附近。其父为律师兼公证人，母为农妇。他 15 岁时到佛罗伦萨，学艺于 A.del 韦罗基奥的作坊。1472 年入画家行会，兼作韦罗基奥的助手。70 年代中期个人风格已趋成熟，创作《受胎告知》《吉内夫拉·德本奇像》等画。1481 年的《博士来拜》虽未完成，却是有划时代意义的名作，表明他的艺术探讨已突破 15 世纪的水平，显示了盛期文艺复兴美术的特点。1482—1499 年间一直工作于米兰，主要为米兰公爵服务，进行了广泛的艺术和科学活动，但完成的绘画作品不多，其中《岩间圣母》和《最后晚餐》是最著名的代表作。1500 年游曼图亚、威尼斯等地，以后直至 1506 年，主要在故乡活动，创作《圣母子与圣安娜》《蒙娜丽莎》，并在市政厅作壁画。1507—1513 年间再至米兰，并为法国宫廷服务。1513—1515 年间居留罗马。1516 年离开意大利赴法国，居昂布瓦斯城堡，直至逝世。达·芬奇晚年极少作画，潜心科学研究，死后留下大量笔记手稿及草图。他一生完成作品不多，但件件皆属不朽名作。他的作品自始至终具有鲜明的个人风格，并善于使艺术创作和科学探讨结合起来，在世界美术史上堪称独步。他的笔记中涉及科学研究的范围更是广阔，从物理数学以至生理解剖，几乎无所不包。他的技术发明也遍及民用、军事、工程、机械各方面。因此恩格斯称赞他"不仅是大画家，而且也是大数学家、力学家和工程师，他在物理学的各种不同部门中都有重要的发现"。

学术界通常把达·芬奇一生的创作活动划分为4个时期：①第一佛罗伦萨时期（1470—1482），②第一米兰时期（1482—1499），③第二佛罗伦萨时期（1500—1506），④第二米兰时期及晚年（1507—1519）。为简明计，他的创作也可概括为两大阶段：早期（上述第一期）和盛期（第二至四期）。

早期创作 达·芬奇在韦罗基奥作坊学习时，便已超过老师而后来居上。在与老师合作的画幅《基督受洗》（约1470）中，他虽只画次要人物——基督身旁最左面的一位天使，却以神态自然、表情含蓄及色调柔和超过了韦罗基奥所代表的严谨但稍嫌机械的15世纪风格。现存达·芬奇的最早作品《受胎告知》（1472—1473），是以横幅形式表示天使加百列奉上帝之命通知马利亚受圣灵怀胎的传统题材。构图上虽无创新，而背景山水却已注意到空气氛围的表现。前景器物花草则力求逼真，人物动态强调优雅柔和，表明青年艺术家的他致力于解决写实与典型加工的辩证关系。较

《蒙娜丽莎》

后的《吉内夫拉·德本奇像》（约1475—1478），虽为一幅普通的妇女肖像画，背景林木的描绘却极为出色，一反15世纪艺术追求线条分明的传统，以逆光夕照的色调渲染出他新倡的"空气透视"效果。在韦罗基奥作坊学习和做助手期间，达·芬奇也开始致力于自然科学研究，与著名数学家P.托斯卡内利过从甚密。

标志达·芬奇艺术风格成熟的作品是1481年开始创作的《博士来拜》（亦译《三王来拜》）。这幅画为佛罗伦萨城外的圣多纳托·阿·斯科佩托修道院订制，原议两年或两年半完成，但达·芬奇在1481年底或1482年初就动身前往米兰，一去20年不返。因而此画原幅只上了底色，以未完成之作传世。但从这幅画上却可看到达·芬奇对传统题材的彻底改造，他不再从叙事角度简单罗列有关人物，而以激烈对比的构图和形象表现显示艺术上的创新：圣母、婴孩耶稣和3位博士形成三角形的稳定构图，周围的群众却以激动的手势环列左右，宛如人群组成的旋涡；背景上按精确的透视法画出的建筑遗迹和奔腾飞跃的马队也形成强烈的对照。在刻画前景人物特别是围观的群众时，色调幽暗，让形象从阴影中闪出，一反15世纪绘画明晰透露的特点，力求幽微含蓄，在艺术手法上形成他独创的烟雾状色调。因此，这幅画虽未完成，却表明达·芬奇的艺术探讨已大大超越同侪，预示盛期文艺复兴风格的到来。当他离开佛罗伦萨前往米兰工作时，他对自己的艺术和科学成就皆抱极大信心，在致米兰公爵的自荐信中力陈自己能胜任各项工作，从建桥筑城排水制炮一直到绘画雕刻，并坚定地说"人所能者我即能为"，这也是当时人文主义关于人才全面发展理想的一个典型表白。

盛期创作　达·芬奇至米兰后即着手创作的绘画是《岩间圣母》。此画是应一宗教团体之请而为米兰的圣弗朗切斯科教堂的一间礼拜堂作的祭坛画。现存此画共有两件，一藏巴黎卢浮宫博物馆，一藏伦敦国立美术馆，它们为何产生以及彼此优劣等一直是研究者争论的问题。一般认为巴黎所藏是达·芬奇在 1483 年亲手所作，伦敦所藏则是在 1504～1508 年绘制的，助手协作的成分较多。《岩间圣母》以圣母居图中央，她右手扶婴孩圣约翰，左手下坐婴孩耶稣，一天使居耶稣身后，4 人组成三角形构图，并以手势彼此呼应。背景则是一片幽深岩窟，花草点缀其间，洞窟通透露光。这幅画虽属传统题材，人物和背景的描绘却为前所未见。岩窟的幽暗色调和人物形象的微妙刻画，都杰出地运用了达·芬奇偏爱的烟雾状笔法，对山岩花草极其认真的描绘还反映了达·芬奇对地质、植物等科学知识的掌握。圣母和天使的面部表情优雅含蓄，圣母左手前伸的透视缩形表现尤为杰出。这幅画在处理逼真写实和艺术加工的辩证关系方面达到了新的水平，它的艺术手法特点在达·芬奇日后的创作中得到继承和发扬，因此，这幅画是标志他盛期创作开始的作品。

在米兰居留期间，达·芬奇的主要作品是他花了很长时间制作的一尊公爵骑马像（1482—1494）。为此他对骑马姿势几经探讨，作了一系列跃马飞奔姿态的研究，最后确定为传统的骑行姿势。此像原定以青铜塑造，可是只完成了泥塑原型模像，后因技术问题未能铸成，而此泥像后亦被毁，实为世界美术史一大损失。

《最后晚餐》是达·芬奇在第一米兰时期最后的一件作品（1495—1497），也是他毕生创作中最负盛名之作。这幅壁画作于米兰圣玛丽亚·德拉格拉齐耶修道院饭厅，但非纯粹的灰面湿壁画，而是掺用了一些油彩。这种新尝试未获成功，因而原画在 16 世纪时逐渐褪色霉坏，加之后人保存不善，现在已很模糊。有关方面正试图以现代科学技术尽可能修复，虽有一些成效，但进展极慢，且只能在很有限意义上恢复原迹。以传说中基督被捕前和门徒最后会餐诀别的题材作画于修道院饭厅，是教会惯例。

文艺复兴美术中同类绘画为数不少，但达·芬奇此画却被公认为空前之作。该画尤以匠心独到、构图卓越、细部写实与典型塑造结合无间为他人所难及。达·芬奇将画面展现于饭厅一端的整块墙面，画中厅堂的透视构图与饭厅建筑结构相联结，令观者觉得画中情景就发生在饭厅另一端的房间之中。但他也不完全屈就于透视规律，因此画幅虽高于观众眼界，却以俯视角度表现餐桌什物；为突出画幅中央人物，背景的窗户也突破建筑比例，甚为扩大。这种既精于运用规律又不机械屈从的情况，还见于细部什物的写实描绘和人物神态的对比刻画，从而使画幅于逼真之中富于气韵。在构图上则一反传统的人物平列于餐桌的形式，以激烈的手势动作把12个门徒连成4组。基督独立于中央，叛徒犹大也不另居一侧而置于众人之中。达·芬奇集中表现基督说出"你们中有一人要出卖我"这句话引起的骚动，宛如一石击水，波澜层出。除叛徒外的11人各依其性格而表露惊恐、愤怒、怀疑、剖白等神态，以手势、眼神和倾身而起显示对基督的忠诚与关怀，唯独叛徒犹大颓然后仰，神色慌乱。这些典型性格的描绘与画题主旨密切配合，兹与构图的多样统一效果互为补充，促成了世界美术宝库中完美的典范杰作的诞生。

在第二佛罗伦萨时期，正值佛罗伦萨人民推翻美第奇统治恢复共和，文化空气一度高涨，画坛上也先后出现了米开朗琪罗、拉斐尔等杰出人物。达·芬奇此时作品虽仍不多，却达到了他盛期创作的最高水平。在他回到佛罗伦萨之初（1500），即向市民展出了他精心构思的一幅《圣母子与圣安娜》的素描草图，表现圣母玛利亚的母亲圣安娜膝上坐着怀抱耶稣的圣母，旁边还有圣约翰，两位成年人和两个婴孩构成了完美的三角形。构图的严密和神态的和谐皆属前所未见，被誉为艺术奇迹，市民群众摩肩接踵前往观看，传为佳话。这幅草图日后虽然失传（也有些研究者认为今伦敦国立美术馆藏的《圣母子与圣安娜》素描是在它之前的有关习作），他的构图原理和轻柔如烟的笔法对佛罗伦萨艺术界却有极大影响，米开朗琪罗和拉斐尔皆深受其惠。1503年，达·芬奇受聘为佛罗伦萨市政厅的大会议堂作画，以佛罗伦萨历史上得胜的战役为题材。达·芬奇选定的是1400年战胜米兰的安吉亚里之战。次年，米开朗琪罗也被请在同一厅堂作画。达·芬奇在1504年完成了草图，翌年夏动手作壁画，但到1506年因再赴米兰而停笔，仅完成极少部分。后来原画墙面另由G.瓦萨里作画覆盖，草图亦告散失，因此他这幅被当时艺坛赞为"伟大壁画"之作竟无真迹可寻。但《安吉亚里之战》表现双方骑兵激烈厮杀的场面经时人摹写传抄后，对西方绘画仍有深远影响。从1503年开始，达·芬奇还进行了两幅名画的创作，那就是《蒙娜丽莎》和《圣母子与圣安娜》，达·芬奇对它们

倍加珍爱，始终随身携带，晚年赴法国时也不离左右。他在法国逝世后，两画遂留于巴黎。

《蒙娜丽莎》为肖像画，蒙娜丽莎是佛罗伦萨商人F.del焦孔多之妻，当时年约24岁。达·芬奇为此画工作数年（1503—1506），且始终没有交给画主而留在身边，可见他对这画的加工已超过一般肖像，实寄托了他对人像的理想典型的创造。画中人物坐姿优雅、笑容微妙，背景山水幽深苍茫，为达·芬奇烟雾状笔法的极致。对于面容中眼角唇边等表露感情的关键部位，他特别着重掌握精确与含蓄的辩证关系，达到神韵之境，从而使蒙娜丽莎的微笑含义无穷；再加以背景山水渺茫宛若梦境，左右两面在透视角度上且有微妙差别，益增画幅灵通幻变的气氛。达·芬奇对于臻于完美的生动人像的描绘，实为人文主义关于人的崇高理想的最光辉的体现。《圣母子与圣安娜》极受佛罗伦萨市民赞赏，它以完善的三角形构图和背景山水的描绘显

示了达·芬奇精益求精的创作意图。此画到 1510 年才告基本完工（也有人认为它一直没有完成），因此也是达·芬奇最后一件杰作。

素描习作与理论著述　在达·芬奇的艺术遗产中，他的素描习作和笔记插图等也具有重大意义。它们不仅数量上远比正式作品多，在艺术水平上也和正式作品同样达到极高的境地，被誉为素描艺术的典范。达·芬奇素描的特点是观察入微，线条刚柔相济，尤善用浓密程度不同的斜线表现明暗的微妙变化。他对建筑、雕刻和绘画的创作都以大量素描为构思和研究的基础，从构图到每个人物甚至每个手势都准备了充分的素描习作及写生。他的科学研究著述也大多配以素描图，有些研究（例如生理解剖等）甚至主要通过素描，因此他的素描起了相当于甚或超过现代摄影术的作用。达·芬奇的艺术理论既散见于他留传下来的大量笔记（总数达 5000 余件），也集中于他未完成的《画论》一书。他这些著述被认为是文艺复兴时代艺术理论研究的重大成果之一，其内容包括美学理论、艺术教育和绘画技法等方面。对绘画的性质，绘画与现实、科学及其他艺术之关系，艺术家的培养以及透视、人体解剖、光暗表现等具体技法，都作了精到的论述。贯穿达·芬奇艺术理论的一个中心思想是画家必须以自然为师，但又不能简单抄袭自然，应以理性掌握自然规律，致力于创造美的典型。他认为知识源于感觉，有朴素的唯物倾向。他强调绘画与科学的联系，声称绘画是一门科学，甚至说绘画高于音乐与诗歌，反映了文艺复兴艺术现实主义的时代特点。《画论》手稿及全部笔记在达·芬奇死后由其弟子 F. 梅尔齐保存，但此人死后即不断散失毁损，现存者分藏于米兰、都灵、伦敦、巴黎、马德里等地。《画论》从 16 世纪中叶即有部分以抄本形式传世，17 世纪时且刊印成书，流传甚广，对西方画论和艺术教育皆有重大影响。

米开朗琪罗

意大利文艺复兴时期雕塑家、画家、建筑师，生于阿雷佐附近的卡普雷塞，卒于罗马。

生平 米开朗琪罗是文艺复兴盛期的代表。1488 年起在佛罗伦萨画家 D.吉兰达约的作坊学徒，后因爱好雕塑转入以保存古典雕塑遗物著称的美第奇庭园，受此园古物学家及雕塑家贝尔托尔多·迪乔瓦

《神圣家族》

尼指导。但使他艺术上得益最多的仍是多纳太罗及古典雕塑的启迪。1494—1499 年，一度游学威尼斯、罗马等地。1501—1505 年间主要在佛罗伦萨创作。1505 年应罗马教皇之召赴罗马，为教皇朱里奥二世设计及制作陵墓雕塑。1508—1512 年，完成了梵蒂冈西斯廷教堂天顶壁画，这是他一生最大杰作，也是文艺复兴绘画的最大杰作之一。1520—1534 年，他为美第奇家族坟墓制作雕塑及设计墓室礼拜堂。以后定居罗马直至逝世。晚年主要创作除西斯廷教堂的祭坛壁画《最后审判》（1533—1541）外，以圣彼得大教堂的建筑设计最为重要，其中尤以大教堂圆顶的设计对西方建筑影响深远。

早期创作 米开朗琪罗 15 岁前后即以兼工雕塑绘画受到人们注意。早期创作绝大部分属雕塑，其中《阶梯旁的圣母》（约 1492）和《山陀儿之战》（约 1492），开始显示了米开朗琪罗集中一切注意于雄健有力的人体表现的个人风格。他

20岁左右创作的一些古典题材的雕像，如《酒神像》（1497）和《哀悼基督》群像（1499），令人误认为真正的古代雕刻遗品。他在《哀悼基督》中用圣母青春常在的形象寄托人文主义关于人性崇高和不朽的理想。1501年米开朗琪罗受佛罗伦萨政府委托，制作《大卫》（1501—1504），通过大卫形象表现的捍卫祖国、力抗强权的英雄意志激励佛罗伦萨人民的士气，成为文艺复兴美术中表现雄强刚健的人体美的巨作。1504—1505年间，应佛罗伦萨政府委托，与达·芬奇同时绘制壁画，他所画的是1364年的卡西纳之战，虽然只完成草图，但影响不小。米开朗琪罗在佛罗伦萨终于完工的绘画作品则是圆形画《神圣家族》（1503—1505）。

西斯廷教堂壁画 1505年罗马教皇尤利乌斯二世邀请米开朗琪罗到罗马，委以制作教皇陵墓的浩大工程。他用了两年时间为教皇作了一尊青铜像（后被毁），又于1508年接受了西斯廷教堂天顶壁画的任务。壁画取材于《圣经》中有关开

西斯廷教堂天顶壁画局部

天辟地直到洪水方舟的故事，其中形体鲜明的人像共有343个之多。

米开朗琪罗的西斯廷教堂天顶壁画从1508年5月开工，逾4年始完成（1512年10月）。由于长期仰面作画，他颈项僵直，书信都要放在头顶仰视。壁画中人物气魄宏伟、体态健壮，具有强烈的意志与力量，显示了艺术家在写实基础上非同寻常的理想加工。壁画局部《创造亚当》和《亚当和夏娃》中的上帝与亚当的形象尤为杰出，被誉为文艺复兴盛期美术最完美的创造。

在西斯廷屋顶壁画完成34年后，已60岁的米开朗琪罗又被教皇保罗三世邀请为教堂祭坛绘制壁画，他以6年时间画成《最后审判》（1536—1541），画中大部分人物精力充沛、体魄雄浑的形象仍然保持了他艺术的本色。

雕塑与建筑设计 教皇尤利乌斯二世的陵墓雕塑使艺术家为之劳累近40年，其中已完成或半途而废的一些雕像实际上包括了米开朗琪罗雕塑风格最成熟的作品，尤以

西斯廷教堂祭坛壁画《最后审判》

《摩西》

《摩西》（约 1516）和《垂死的奴隶》（约 1513 年以前）为著。

米开朗琪罗 16 世纪 20—30 年代从事的另一个主要雕塑工程是美第奇家族墓室。艺术家强调沉郁悲壮的气氛，在他设计的墓室建筑结构之上，雕塑主要有两组，各放在一尊美第奇雕像下：一为《昼》与《夜》，一为《朝》与《暮》，它们都由一男一女的象征性人像构成。

晚年在罗马期间，米开朗琪罗的主要艺术活动已转向建筑，除负责圣彼得大教堂的建筑工程外，还参与了法尔内塞宫、皮亚城门和罗马市议会所在的卡彼托广场建筑的设计。他的贡献主要是设计了圣彼得大教堂覆盖大厅中央部分的大圆顶。它为日后欧美各国的大教堂和政府大厦的圆顶建筑树立了典范。

乔尔乔涅

意大利画家，生于卡斯泰尔弗兰科，卒于威尼斯。师事 G. 贝利尼，并受达·芬奇影响，出师后即以风格独特引人注目。虽在 32 岁时即去世，对于 16 世纪的威尼斯画派却有深远影响。他的作品被公认为真迹者只有六件，其中一件壁画已完全毁损。

《暴风雨》

乔尔乔涅艺术风格形成以后的第一件代表作为祭坛画《卡斯泰尔弗兰科》（约 1504），另两幅代表作是《暴风雨》（约 1505）和《三位博士》（约 1510）。《暴风雨》完全把人物从属于风景的描绘，因此被认为是西方绘画中第一幅风景画杰作。画家力求表现出在遥远天边暴风雨已经来临，而眼前则是山雨欲来、溪水林木浸润着奇妙的光与色的景象，烘托出音乐般丰富而协调的气氛。《三位博士》取材于传统的宗教故事，即传说基督降生后前来朝拜的东方贤人。人物姿态各有特色，尤为杰出的是黝黑岩石和夕照远景的表现，这样大胆而又和谐的用色在文艺复兴绘画中尚无先例，开辟了威尼斯画派以色彩表现为主的特点。

乔尔乔涅善于描绘风景，人物造型也很有新创。他吸取了达·芬奇艺术特别重视的烟雾状笔法和含蓄表情，使自己创作的人物形象既有恬静优雅的神态，又有微妙丰富的诗意。他的人物画代表作有《劳拉像》（1506），风格近似达·芬奇。《尤迪丝像》（约 1505），着重描绘的不是古代犹太女英雄的气概而

《入睡的维纳斯》

是少女温柔秀美的容貌。乔尔乔涅最著名的人物造型是《入睡的维纳斯》（约1510），它开创了西方绘画中历久不衰的一个题材：裸体躺卧着的女性像。他把女神置于一片优美的田园风景之中，维纳斯的体态极其恬美，沉睡的神情和田园风光的宁静恰相配合，这幅画是西方同类题材作品中最完美的一幅。

1507年他受聘为威尼斯总督府作画，后又为威尼斯城的德国商人协会作画，协助他的有提香。他们的长期合作对提香艺术的形成有很大影响，提香早年之作不仅渗透了乔尔乔涅风格，甚至过去一度认为是乔尔乔涅的代表作《田园合奏》（巴黎卢浮宫博物馆藏）一画，近年也被大多数学者认为是提香手笔。乔尔乔涅在1510年染瘟疫而过早去世，却没有减低他对威尼斯画派的巨大影响。他的风格，特别是色彩运用和气氛烘托的技法，经提香等人而发扬光大，终于成为威尼斯画派最重要的艺术遗产。

拉斐尔

意大利画家，生于乌尔比诺，卒于罗马，原名拉法埃洛·圣乔奥。

生平 拉斐尔的父亲是乌尔比诺公爵的宫廷画师。拉斐尔幼时即从父学画，后转入佩鲁吉诺门下，至1500年底学成出师。21岁所画《圣母的婚礼》无论构图与形象塑造都有创新，已青出于蓝。1504—1508年，一直在佛罗伦萨学习和工作，对佛罗伦萨画派从马萨乔以来各大师均潜心学习，尤其善于吸收达·芬奇和米开朗琪罗艺术的优长，艺术风格趋于成熟，以和谐明朗的构图和秀美优雅的形象独树一帜。此期作品以圣母像为主。1508年底或1509年初，应教皇尤利乌斯二世邀赴罗马作画，以后居留罗马工作直到逝世。在罗马的创作主要是梵蒂冈教皇宫的一系列壁画，先后作于宫中的签字厅、埃利奥多罗厅、火警厅以及宫中敞廊等，其中以签字厅的壁画最为杰出。1514年负责圣彼得大教堂建筑工程，成为新上任的教皇利奥十世最赏识的艺术家，次年又负责罗马文物管理工作，同时承担许多绘画订件，极其忙碌，以致在37岁时劳累而死，绝笔之作《基督变容》由其弟子完成。

早年创作 拉斐尔继承了佩鲁吉诺的宁静柔美的风格，并深受15世纪末的学习古典艺术风气的影响，青少年之作便出手不凡。代表作有1504年的《圣母的婚礼》。画面中的圣母玛利亚及其夫约瑟的形象端庄文雅，富有清新纯净的气质，为前辈大师作品所罕见。佛罗伦萨时期的主要作品是一系列圣母像，它们奠定了拉斐尔在西方公众中极受欢迎的地位。他笔下的圣母和中世纪的圣像画完全不同，以母性的温情和青春健美而完美地体现了人文主义的理想，被誉为世俗理想战胜宗教理想的最突出的艺术表现。其中最著名之作是《带金莺的圣母》（约1505，佛罗伦萨乌菲齐美术馆藏）、《草地上的圣母》（约1505，维也纳美术史博物馆藏）和《花园中的圣母》（1507—1508，法国卢浮宫博物馆藏）。

《花园中的圣母》

壁画创作 拉斐尔在罗马创作的壁画历来被认为是典范之作。1508—1511年，拉斐尔首先绘制了梵蒂冈教皇宫签字厅壁画。这是一个方形房间，教皇在此签署诏

令，壁画包括屋顶及四壁，拉斐尔把屋顶按传统的图案框格装饰，主要精力集中于墙面的4幅图画，分别代表人类精神活动的4个方面：神学、哲学、诗学与法学。《教义的争论》画面以云层分为两半，上半表现基督及诸圣徒，下半表现教会四大神学家及其他领袖；《雅典学派》则集古今著名哲学家于一堂，以雅典学者为主，背景衬以宏伟的古典大厅。这些壁画除了发挥拉斐尔特有的构图和谐、形象秀美的风格外，还注意到绘画表现与建筑装饰的充分协调，给人以庄重鲜明、丰富多彩之感。其中《雅典学派》在刻画人物和背景构图上尤为杰出，被誉为古典壁画艺术的登峰造极之作。

签字厅壁画完成后，教皇非常满意，罗马艺坛也赞扬备至，拉斐尔遂被邀请继续绘制其他房间的壁画。1512—1514年完成了埃利奥多罗厅壁画，1514—1517年制作了火警厅壁画，1516年为教皇宫的挂毯

《雅典学派》

绘制大幅底图,同时在宫中敞廊绘制一系列装饰壁画。其中,最著名的有埃利奥多罗厅的《埃利奥多罗被逐出神殿》《波尔申纳的弥撒》,火警厅的《波尔戈的火警》,挂毯画稿《获鱼的奇迹》等。这些壁画制作之时,米开朗琪罗的西斯廷礼拜堂天顶壁画已完工揭幕,拉斐尔深受启发,加强了自己作品中的人体描绘和运动感。此外,拉斐尔多次应教廷大臣 A.基吉之邀而绘制法尔内西纳别墅壁画,其中《加拉泰亚的凯旋》(1511—1513)以古

《披纱女子像》

典神话的题材,表现海上仙女加拉泰亚欢庆游行的场面。仙女形象俊逸秀美,塑造得非常成功。

圣母像及肖像画　除壁画以外,拉斐尔在罗马的十余年间还创作了不少圣母像、祭坛画和肖像画,都充分体现了他的秀美风格,1512—1513 年间绘成的《西斯廷圣母》在同类作品中具有特殊地位。这幅圣母像无论在内容和形式上都体现了文艺复兴时代的特色,同时也是拉斐尔典范风格的完美代表,对日后的古典派和学院派影响极大。另一幅更为高大的祭坛画形式的圣母像《福利尼奥的圣母》则表明画家善于融汇达·芬奇和米开朗琪罗的成果于自己创作之中。罗马时期的另外两幅著名圣母像则为圆形画,即《椅中圣母》和《阿尔巴圣母》。

拉斐尔在肖像画方面也有极高成就,代表作有《卡斯蒂廖内像》(1516)和《披纱女子像》(1514)。前者是拉斐尔的好友,也是著名的人文主义学者的肖像,其优雅风度

和深厚学识被表现得淋漓尽致；后者则是一佚名的美貌女郎，可能是艺术家的情人，她的容貌和拉斐尔笔下的一些圣母形象相近。

提 香

意大利画家，生于皮耶韦－迪卡多雷，卒于威尼斯。

生平 提香9岁赴威尼斯学艺，1510年以后独立工作，曾受业于G.贝利尼。青年时期一度与乔尔乔涅密切合作，乔尔乔涅死后提香成为威尼斯画派领袖，在文艺复兴画坛活动60余年，作品遍及西欧各国，以绚丽色彩和健美造型树立了新的艺术典型，堪与佛罗伦萨画派争雄。提香1516年被威尼斯政府任命为官方画家，1530年受德国皇帝查理五世接见，此后一直为哈布斯堡王朝作画，并晋封伯爵。1545—1546年游学罗马，与米开朗琪罗等会晤，获罗马荣誉公民称号。1548—1551年间两度赴德国奥格斯堡工作。终其一生，主要活动地点是威尼斯，他的色彩辉煌的画幅也充分体现了威尼斯市民阶级的生活理想和文艺复兴的时代精神。

《圣爱与俗爱》

早期创作 提香在1510—1520年间的作品可归入早期创作阶段。其特点是在乔尔乔涅风格影响下逐渐形成了他自己的风格。现存提香的最早作品可举《田园合奏》（约1510）。这幅画以前一般认为是乔尔乔涅之作，现公认出自提香之手。此画诗意的题旨和风景的描写都有乔尔乔涅之风，但人物形象略显粗朴壮健，则是提香个人的特色。他个人风格趋于成熟的第一个代表作是《圣爱与俗爱》（1512—1515），表现象征圣俗两种爱情的两位女性分别居画幅两边，象征神圣之爱的裸体女郎的形象健康美丽，光彩照人，被誉为文艺复兴艺术中表现女性美理想的最佳范例。另一幅《酒神节》，用色绚丽和以暖色为基调的特点表明他已更纯熟地掌握了油画技法。

此后，提香的杰作不断出现。祭坛画有威尼斯弗拉里教堂的《圣母升天》（1516—1518），色彩的富丽和人物的生动有力是提香艺术的本色。在表现强烈的运动、力量和雄浑的体魄方面，不仅可以和米开朗琪罗媲美，而且为威尼斯画派开拓了全新的领域。因此，该画早在16世纪就被誉为"近代第一杰作"。以古典神话为题材的代表作则有1518—1524年间为费拉拉公爵制作的一组油画《维纳斯的崇拜》《安德里亚人的酒宴》《巴科斯与阿里

《圣母升天》

阿德涅》。提香这时期的杰作还包括一些肖像画和人物画，例如《戴手套的青年》（1520—1522）和《苍神》（1516）。

中期创作　1520—1555年是提香的中期创作阶段，特色是益趋平稳庄重，增加了雍容华贵之感，艺术主顾也从威尼斯的上层市民扩及西欧各国的帝王宫廷。这时期的代表作有《佩萨罗圣母》（1519—1526）、《圣母参拜神庙》（1534—1538）、《乌尔比诺的维纳斯》（1538）、《查理五世骑马像》（1548）等。《乌尔比诺的维纳斯》是应乌尔比诺公爵之请而作，虽借维纳斯女神之名，实际上是表现日常生活环境中的一位美丽的裸体女性。在维纳斯形象的塑造上，提香充分发挥了他的健美风格的特色，着意于刻画理想的健康完美的女性。

在提香的中期创作中，肖像画占有很重要的地位。他的肖像作品相当丰富，从皇帝、教皇以至名门淑女肖像都能惟妙惟肖地绘出其特有的容貌和性格，《查理五世骑马像》（1548）是他最著名的肖像作品之一。

晚期创作　从1555年至逝世，为提香的晚期创作阶段，特点是油画技法掌握更为娴熟，笔触奔放，用色精妙。提香的早期与中期创作在用色方面已很杰出，形体尤其轮廓鲜明，近看远睹皆宜；晚期创作则用宽大粗放的笔触和成堆的颜料绘成，只能远看才能领会其完美，标志着真正的西方近代油画的完成。它不仅是17—18世纪西方绘画的一个主要源头，而且影响了日

《查理五世骑马像》

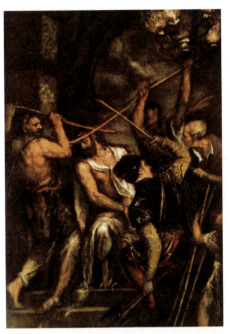

《基督戴荆冠》

皆趋模糊，但整体效果异常突出。

提香长期的艺术生涯和丰富的创作实践也有力地推动了16世纪威尼斯画派的发展，几乎所有威尼斯画家都直接或间接受到提香的教导与影响。

卡拉瓦乔

后的浪漫主义和印象主义画派。这类晚期创作的代表可列举《欧罗巴的劫夺》（约1559—1562）和《基督戴荆冠》（1570—1576）。《欧罗巴的劫夺》在极力刻画少女遭劫的惊愕激动气氛之外，配以碧海白浪和雾色迷茫的群山，烟云水气与霞光夕照交织，达到了色彩缤纷、光影闪烁的效果。《基督戴荆冠》则着重烘托悲剧性的气氛，从暗黑仅见火光杖影的环境闪现出几个人物，除光与色的对比外，细部描画

意大利画家，原名米开朗琪罗·梅里西，后以出生地名于世。生于卡拉瓦乔，卒于埃尔科莱港。他的父亲是当地的建筑师。他不满11岁时移居米兰，在S.彼得扎诺画室学习。结业后，1588—1592年到罗马，画了一些风俗画和静物画，偶尔也画宗教画，但未引起人们的注意。其后，他和贵族们有了来往，并得以进入罗马艺术界。由于得到一位枢机主教的帮助，卡拉瓦乔第一次得到教会的订件，为孔

塔雷利礼拜堂作几张画，其中有著名的《圣马太与天使》《圣马太被召》等。这批订件为他博得了声誉，但人们对他评价不一：有些人对他独特的手法和大胆的技巧产生兴趣，有些人则对他所画人物的粗野形象感到不满。卡拉瓦乔无视外界对他的毁誉，又连续画了许多作品，如《基督下葬》（1602—1604）、《圣母之死》（1605—1606）等。1606年5月卡拉瓦乔参加斗剑游戏，因发生口角引起决斗，击杀对方，走上逃亡之路。他从罗马到了那不勒斯，之后又到马耳他和西西里，在这些地方都留下了作品。他是有创造性的画家，不步人后尘，由于长期与普通劳动者相处，又受到写实主义画风的影响，

《赌徒》

重视面对自然作画。在接受教会订件以前，他画的大都是风俗画和静物画，其风俗画多表现下层平民的生活习俗，如《赌徒》等。在他之前，意大利画家几乎没有创作过纯粹的风俗画。他即使在创作宗教题材的画件时，也总是把宗教事件表现成普通人中间的普通事。如《圣马太与天使》，圣徒马太被他画成光着脚板的粗笨的庄稼汉，在天使的指点下吃力地写福音书。卡拉瓦乔对油画的发展有独到的贡献。他创造了强调明暗对比的"酒窖光线"画法，即把物体完全沉于黑暗中，好像置于深而暗的地窖中，然后用集中的光把主要的部分突出出来。这种画法使画面明暗对比十分强烈，形体显得结实厚重，同时阴影使多余的东西完全隐入暗中，而用光来显示画家想引起观众注意的东西，使构图简洁而单纯。他打破了文艺复兴绘画中惯用的平列物体的透视手法，喜欢用纵深的透视，使画面人物的安排和动作向画幅的深处展开。在《埃毛斯的晚餐》一

画中，基督向前伸出的手似乎打破了画幅的平面，使绘画中的空间和观众的空间结合在一起。卡拉瓦乔运用这种手法的意图是为了使绘画更能够在所处的环境中发挥作用。这种手法为后来的巴洛克画家所仿效，成为巴洛克绘画的突出特点。卡拉瓦乔在 17 世纪初成为很有影响的画家。虽然他在罗马的创作不被订件者赏识，而且还常受到敌对者的攻击，但他却有不少忠实的模仿者和后继者。鲁本斯在当时就意识到他绘画的价值，建议艺术收藏家重金收购。意大利有一批以 B. 曼弗雷迪为首的画家，着力发展了卡拉瓦乔作品中的风俗画因素。还有一批从北欧来的画家，在罗马认真地临摹研究卡拉瓦乔的作品，并把他的画风带回本国。在荷兰形成了卡拉瓦乔派中心，这个中心影响了伦勃朗等重要画家。此外，西班牙、法国、德国也都有取法卡拉瓦乔的画家，他对欧洲绘画的发展作出了突出的贡献。

《埃毛斯的晚餐》

鲁本斯

佛兰德斯画家，擅长绘制宗教、神话、历史、风俗、肖像以及风景画，是 17 世纪西方画史上成就卓著的画家。鲁本斯生于德国锡根，卒于安特卫普，幼年丧父，1587 年到安特卫普。15 岁已精通德语、拉丁语、法语、佛拉芒语等，在一位伯爵夫人处短期当过侍童。而后从几位画家习画。其中 O.van 韦恩的晚期风格主义的古典画风，对他早期的油画产生过影响。鲁本斯的画风大致包括 3 个阶段。

早期（意大利时期） 1598 年，鲁本斯成为画师，设画室，收学生。1600 年到意大利，在威尼斯临摹提香、P. 韦罗内塞和丁托列托的画。由于偶然的机会，结识曼图亚公爵贡扎加。以后赴曼图亚，任贡扎加的宫廷画家。他为公爵制作了一批宗教画和肖像画，并于 1603 年接受公爵的委托，以外交使节身份前往西班牙，从而获得机会研究马德里宫廷的藏画。他还为腓力三世的一个亲信绘制了肖像画《莱尔马公爵骑马像》。在罗马时绘制了祭坛画《圣海伦娜》、《竖起十字架》以及《基督戴荆冠》（1601—1602）。从这类作品中可以察觉出意大利古典美术以其宏伟的纪念碑式气势启发了鲁本斯。同一时期，在曼图亚和热那亚，他曾为一些贵

《跟妻子伊莎贝拉在一起的自画像》

族绘制过肖像画。

中期（安特卫普前期） 鲁本斯1608年回安特卫普。这时佛兰德斯宫廷在西班牙管辖下，正在开展反宗教改革运动和提倡巴洛克美术。1609年起，他担任佛兰德斯摄政者阿尔贝特大公的宫廷画家，使意大利文艺复兴美术的成就，包括其先进的人文主义思想以及高超的表现技巧，与佛兰德斯古老的民族美术传统结合起来，形成了赞美人生欢乐的气势宏伟、色彩丰富、运动感强的画风。这种画

《强劫留基伯的女儿们》

风代表着巴洛克宫廷美术健康的一面。不过，在这个时期的开端，鲁本斯的创作曾在两个极端之间摇摆：《竖起十字架》（1610）、《下十字架》（1611—1614）等在艺术处理上显示了丁托列托式的紧张感；《跟妻子伊莎贝拉在一起的自画像》（1609—1610）、《圣多马的怀疑》（1615）等则在艺术处理上显示出佛兰德斯风格主义画家A.扬森斯式的均衡感。

1610—1618年，鲁本斯绘制了一批以宗教神话为题材的作品，如安特卫普大教堂的三联画《复活》（1612）、《圣母升天》（约1615—1616）、《博士来拜》（1617—1619）等。此外，还完成了一批表现激情、充满强烈戏剧性和运动感的油画，包括《强劫留基伯的女儿们》（约1618）和《亚马孙之战》（约1618—1620）（以上两幅画均藏于慕尼黑古绘画陈列馆）等。这类典型的巴洛克绘画作品表明，画家在艺术上已进入鼎盛阶段。

鲁本斯成名后订画者日益增

多，使他应接不暇。他一般只画油画草图和素描稿，正式的油画往往让助手们和学生们去绘制，最后由他润色加工，并签上自己的名字。他留下的大量油画草图和素描稿笔法洒脱自如，整体感强，艺术感受新鲜，是他绘画遗产中最珍贵的一部分。有些素描稿显示，他受意大利画家卡拉瓦乔的影响。

1616—1625 年，鲁本斯逐渐摒弃扬森斯式古典绘画的均衡感，而把他的艺术中的激情和运动感推向极限，从而使巴洛克绘画的长处和潜力得到了充分的发挥。1616年，他所绘的《末日审判》（慕尼黑古绘画陈列馆藏）等气势极为宏伟。此画的创作灵感来源于米开朗琪罗的同名壁画，但它所强调的是鲁本斯式的充满自信的胜利感。此外，当时鲁本斯所绘的许多历史组

《亚马孙之战》

画和神话题材作品也极为动人。这种巴洛克绘画气势还见于鲁本斯所绘的一批狩猎图（1618—1620）以及著名的历史神话题材组画《玛丽·德·美第奇生平》（巴黎卢浮宫博物馆藏）。

画家除从事于绘画外，还跟随佛兰德斯女摄政者伊莎贝拉多次出国进行外交活动。1626年第一个妻子去世。两年后他前往西班牙进行宫廷之间的访问，同时为腓力四世及其家属画肖像，还临摹了一些提香的画。他跟 D. 委拉斯开兹相互交流作画心得，一时传为美谈。1629年赴英国进行和平谈判，为英王及其家属画肖像，并为伦敦白金汉宫的宴会厅绘制了天顶画。英王查理一世册封他为骑士。

后期（安特卫普后期和斯廷时期） 1630年鲁本斯娶年轻的叶莲

《有彩虹的风景》

娜·弗尔曼为妻。此后，弗尔曼成为他后期作品中一再出现的焕发着青春活力的典型的佛兰德斯少妇形象的原型。

1630—1640年，鲁本斯的绘画进入新的发展阶段。在着色用笔方面更为奔放自如，在画风上接近于提香晚年的油画。他退出政界后，经常到斯廷庄园作画，绘出了一批出色的风景、风俗画。晚年因患风湿手指畸形，仍坚持作画，虽然其中大部分主要由助手和学生绘成，但他亲笔制作的那些油画草图仍然显得笔法生动、色彩明快、感觉新鲜，体现出晚年的画风。

鲁本斯的绘画对于佛兰德斯绘画以及整个西方绘画的进一步发展，具有重大意义。17世纪后期，巴黎的法国皇家美术学院形成了鲁本斯主义。他们认为鲁本斯的艺术成就是创造性的模仿自然，运用色彩达到视觉的审美效果。18—19世纪的法国画家A.瓦托、德拉克洛瓦、雷诺阿和英国画家雷诺兹、康斯坦布尔，都不同程度地受到鲁本斯的影响。

贝尼尼

意大利雕塑家、建筑师，生于那不勒斯，卒于罗马。他是佛罗伦萨雕塑家贝尼尼之子，自幼从父学艺，1605年随家迁居罗马。25岁奉诏入教廷供职，获骑士勋章。他为罗马教廷前后八个教皇服务近半个世纪。1665年，又应法国国王路易十四的邀请到法国帮助筹划卢浮宫的建造。

贝尼尼是17世纪巴洛克美术最出色的代表。他的雕塑强调情绪表现，喜爱动感强烈的姿势，和文艺复兴的雕塑相比，有一种外向的动势，使雕塑发展出新的空间关系。他的雕塑技巧娴熟流畅，造型光洁精致，具有贵族气味。大理石在他手下具有蜡一般的可塑性。他可以用石头表现出温热的肉体、柔滑的绸缎、轻盈的薄纱。他长于把雕塑和装饰性的背景结合起来，配以特定的光线，与建筑融为一体。这些手法有效地表达了天主教会需要的热烈豪华、喧嚣迷人的效果，成为当时宗教宣传的有力手段。他的代表作有《大卫像》《阿波罗和达芙妮》《圣安德烈亚祭坛》等。

贝尼尼的城市雕塑也有突出成就。他为罗马制作了许多喷泉雕塑，代表作为纳沃那广场的四河喷泉。他所作的城市雕塑对17—18世纪法国、德国等西欧国家的艺术家影响很大，西欧国家通过对贝尼尼作品的学习发展了本国的宫廷雕塑和城市雕塑。但是学院派批评家也一度批评贝尼尼风格中的自然主义倾向，不符合理想化的古典主义要求。

贝尼尼还是有成就的建筑师，他的建筑风格也是巴洛克式的。最有名的作品是罗马圣彼得广场，广场呈椭圆形，由柱廊包围。巴洛克建筑形制中最常用的椭圆形，具有圆形所不具备的张力，暗示了动力感；两旁的柱廊造成变化剧烈的光影，对视觉产生强烈冲击。他还从事绘画、服装设计和舞台美术，并且写过剧本。

《阿波罗和达芙妮》

戈 雅

西班牙画家，生于阿拉冈省萨拉戈沙附近的芬德托尔斯，卒于法国波尔多。约1760年随父母搬到萨拉戈沙，这是一个民风强悍、富有斗争传统的城市。这里的风土人情、民间习俗曾给戈雅以极大的影响，形成了他坚强不屈的气质。早年入J.卢桑–马丁内斯的画室学画。因为一个偶然的事件，宗教裁判所追捕他，于是他到了马德里。1770年去意大利。次年在意大利参加帕尔玛艺术学院的竞赛获二等奖。1771年，戈雅重归祖国，在故乡教堂画壁画。1775年重返马德里，真正开始他的创作生涯。他一生的创作可分为三个阶段。

早期——苦闷与呐喊时期（1808年前） 在马德里，戈雅受宫廷画家F.巴尤推荐进入宫廷，为皇家圣巴尔夫拉织造厂设计壁毯草图。他设计的木版画稿大约有40多幅，按创作年代又可以分为前后两个时期。前期画稿气氛轻松，色调明快，多描绘节日与游乐的场面。后期大约从18世纪80年代末起，画稿开始涉及一些社会问题，逐渐由轻松转向严肃的思考。进入90年代，戈雅受法国1789年大革命的启发，对西班牙的腐朽制度表示愤怒与不满，加之接受启蒙主义学说的影响，逐渐由不满转向呐喊。他画的《疯人院》（1794），反映了苦闷和不安的心情。他还创作了一系列富有时代激情的肖像画，

《自画像》

以及颇有传奇色彩的《穿衣玛哈》与《裸体玛哈》等，表现了人物的性格，具有一种理想和时代的色彩。1800 年他为皇族画《查理四世一家》，以直率的心态充分表现了画主的昏庸、虚伪。

戈雅向黑暗社会发起冲击的第一部作品是铜版组画《加普里乔斯》，组画原名叫《共同的语言》，后改的名称有荒诞不经的含义，组画于 1803 年最后完成。它涉及的题材很广，反映了西班牙社会的真实面貌。在这套组画里，可以看到统治阶级和教会的专横、人民的屈辱，同时也痛斥了社会上一些恶俗

与病态。画幅上还配有辛辣、尖锐的题词，具有强烈的鼓动性。组画没有明确的顺序，画面上大多是夜晚的背景，以此隐喻当时的大黑暗时代。尽管戈雅在创作上采取了隐喻的手法，但是仍瞒不过宗教裁判所的眼睛，他们觉察到了这部作品的政治气息。为了逃避宗教裁判所的追查，戈雅只好把组画当礼物呈献给国王夫妇，才使作品得以保存下来。画家也免受追查。《加普里乔斯》是戈雅在西班牙黑暗夜空下的呐喊，这声音震撼了他自己，也震撼着当时的人民。

中期——热情战斗时期（1808—

《裸体玛哈》

1814）1808年，拿破仑军队入侵，西班牙上层屈辱投降，人民则四起抵抗，在人民起义的年代里，戈雅坚定地站在人民一边，作画再也用不着隐喻了。他以极大的热情讴歌战斗中的人民。他的《1808年5月2日的起义》、《1808年5月3日夜枪杀起义者》（普拉罗博物馆藏）是不朽的名作，真实记录了当时人民斗争与流血场面。为了创作这两

幅作品，戈雅在战争期间留在马德里，以历史见证人身份画下了这些情景。

这一时期，戈雅还完成了他的第二部大型铜版组画《战争的灾难》。这套组画分为两个部分，第一部分作于1808—1813年间，第二部分在1814—1820年间制作。第一部分完全采用了公开的表现形式，而第二部分由于国内形势起了

《1808年5月3日夜枪杀起义者》

变化，迫使他又不得已再次运用隐喻的方式。这套组画共计 82 幅，以反对拿破仑入侵和反对斐迪南七世复辟为背景，描绘了人民的奋起与反抗，并揭露了贵族投降派的卑劣行为。

后期——不息的希望时期（1814—1828）

1814 年以后，是戈雅创作生涯的最后阶段。这一时期正处在西班牙斐迪南七世复辟的年代。1820—1823 年第二次资产阶级革命的失败，使人民重新陷入苦难之中。当时，戈雅的心情极坏。1819 年搬到马德里郊外，他在郊外的房子，人们称为"聋子之家"。已经 70 多岁的戈雅尽管苦闷与寂寞，但仍然没有放下手里的画笔，在这期间他创作的不少作品寄托了对未来的希望。戈雅不是悲观主义者，而是像他的作品《巨人》一样，等待黎明的到来。这个时期，他还画过寓意深刻的水墨画《来自黑暗中的光明》。第二次革命失败后，戈雅最终离开西班牙宫廷，出走法国。后期的主要作品有"聋子之家"壁画（1820—1822）15 幅、《磨刀匠》（1820）、《抱水罐的姑娘》（约 1810—1820）以及一系列朋友的肖像画和铜版组画《迪斯巴拉提斯》（1819—1823）《塔罗马克依亚》（1815）、素描组画《囚犯们》（约 1814）等。

戈雅是继委拉斯开兹之后，把西班牙美术再一次推向高峰的画家。他的艺术对欧洲 19 世纪浪漫主义和现实主义艺术有巨大的推动作用，受他影响的有德拉克洛瓦、米勒、库尔贝、马奈、K. 珂勒惠支等。

毕加索

西班牙画家，生于西班牙南部小镇马拉加，卒于法国穆然城。父亲是艺术教师。他自幼爱好艺术，15 岁随父母迁居巴塞罗那，入美术学校学习。巴塞罗那对当时西欧的各种新文化思潮反应很敏感，著名的四猫咖啡店是文化界人士聚会的沙龙，毕加索是这个沙龙中年龄最小的常客。当时流行的各种艺术思潮如象征主义、批判现实主义、印象主义、自然主义、唯美主义，对他都有吸引力。他接触到社会的底层，在失意、潦倒而又极富思考的同行中，呼吸到笼罩着整个西班牙的社会气息。在复杂的社会矛盾面前，他的内心充满忧虑。当时他曾对友人说："忧郁创造艺术。"

蓝色时期至粉红色时期

1900—1903 年，是毕加索创作中的蓝色时期，他采用低沉、不明朗的蓝色调表现充满孤寂、荒凉和悲怆的情绪，画中的人物多半是贫困者、残疾人、病人、老人和孤独者。作品有《熨衣服的妇女》、《喝苦艾酒者》、《老犹太人与男孩》、《塞莱斯蒂内》和《人生》等。1903—1905 年，毕加索的画里出现了柔和的淡黄褐色或粉红色，描绘的大都是演员、江湖艺人、丑角等。这一创作阶段，通常被称作粉红色时期，作品有《杂技演员之家》《演奏吉他的老人》等。毕加索的早期作品属于批判现实主义的范畴，但含有西班牙民族艺术的特征和 20 世纪初的时代气息，具有较浓的悲剧成分和神秘色彩。

毕加索艺术的成熟变革和当时欧洲的艺术中心巴黎有密切的关系。1900 年 10 月，他第一次到巴黎，看到巴黎新艺术的探索成果，从 H.de 图卢兹 - 洛特雷克、德加、塞尚、凡高等人的作品中受到启发和刺激。1904 年，毕加索在巴黎定居，和巴黎的新艺术思潮保持着密切的联系。

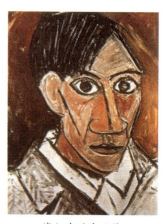

毕加索的自画像

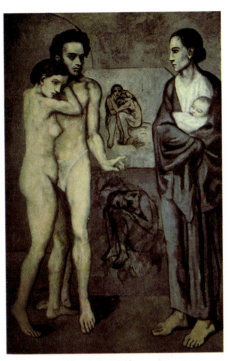

《人生》

立体主义时期至新古典主义

1907 年是毕加索创作的转折期。这一年，他完成了《亚威农少女》。为作此画，他用炭笔、铅笔、色粉、水彩和油画，构思了 30 多幅草图、小稿和人物速写。他抛弃了西方传统绘画的造型法则，大胆地向文艺复兴以来确立的审美法则挑战。画中没有任何情节，没有具体的环境描写，在一个画面上（主要在右边两个妇女的造型上）表现正

面、侧面和斜切面，追求一种结构的美。《亚威农少女》被视为立体主义的开端。毕加索和 G. 布拉克被认为是立体主义的主将。1908—1909 年，是分解的立体主义阶段；1911—1914 年，则是综合的立体主义阶段。分解的立体主义就是在不破坏绘画平面性，不模仿客观物象表面的情况下，同时描绘出一个物象的几个方面，就像人们从不同的视点去看一个物象一样，从而创造出能界定量感与其间关系的绘画语言。分解的立体主义排斥装饰性的阿拉伯图案和明亮的色彩，如《少女和曼多林》（1910）《卡恩韦勒像》（1910）。在综合的立体主义阶段，色彩重新被重视，出现灰色、黄绿色和淡黄色之间的色调，实物被引进画面，并采用拼贴法，如《静物与藤椅》（1911—1912）等。

　　立体主义运动并没有留下系统的理论。它的产生大致可以归纳为下述几方面的因素：①继承塞尚已经开始的对几何形美的追求，把几何形的结构美引向极致；②19 世

纪末科学技术的进步给立体主义以启示，爱因斯坦的相对论，X射线的发现，现代工业机械化揭示的美，驱使艺术家要求突破两度空间的局限，在平面上创造出三度、四度空间的绘画来；③古代西班牙伊比利亚人的艺术、非洲黑人艺术的影响；④唯心主义哲学思潮的影响。19世纪末以来，尼采的主观唯心主义和艺术至上的观念、柏格森的直觉论，促使许多艺术家寻求表现超脱客观的主观世界。

1915年，毕加索开始对J.-A.-D.安格尔精确而细致的素描感兴趣，画风也由立体主义转向新古

《亚威农少女》

典主义，在严谨的造型中，用夸张的手法表现宏伟磅礴的气势。如油画《竞跑》（1922），素描《伊戈尔·斯特拉文斯基肖像》等。到了20世纪20年代中期，毕加索迷恋于超现实主义，与这一运动的领导人A.布雷东交往密切，并参加过超现实主义展览。1925年的油画《三个舞蹈的人》，出现痉挛似的变形。在此后的数年间，他笔下的人物往往是极端扭曲和不安的，可能受到超现实主义者J.米罗和Y.唐居伊的影响。30年代初期，毕加索画了许多被称作《宫女》的裸体女人像，色彩强烈。之后，又画了不少以斗牛为题材的作品。

西班牙内战至纳粹占领时期，最能显示毕加索进步思想的作品是壁画《格尔尼卡》（1937）。在30年代的西班牙内战中，毕加索坚定地站在共和国一边，反对独裁的佛朗哥政权。他欣然接受了马德里共和政府的任命，担任普拉多博物馆馆长的荣誉职务。1937年，他画了连续性的版画《佛朗哥的梦幻与宣

言》，并附以诗作，表示对佛朗哥的痛恨与谴责。在此后不久，毕加索应西班牙共和政府的委托，为次年春季举行的巴黎国际博览会的西班牙馆创作装饰画。正当他酝酿题材时，4月26日发生了纳粹德国空军轰炸西班牙北部巴斯克的重镇格尔尼卡，杀害无辜和平居民的事件。毕加索以这次空袭事件为题材，创作了壁画《格尔尼卡》。

在德国纳粹占领法国期间，毕加索保持了爱国者的气节，在巴黎闭门作画，拒绝法西斯的利诱。1944年，他参加了法国共产党。战后，毕加索创作大幅油画《尸骨存放所》，描绘法西斯集中营内的饿殍，表示对法西斯兽行和黑暗势力的愤怒谴责。20世纪50年代初，毕加索积极参加了保卫世界和平的运动。他描绘鸽子的一幅版画，被在巴黎召开的保卫世界和平大会作为会标，人们称它为和平鸽。这

期间，在毕加索创作中具有特殊意义的是油画《朝鲜的屠杀》及《战争》与《和平》。反映美国侵略朝鲜的《朝鲜的屠杀》，画面分两部分：一部分是平原和一群射击的士兵，象征美帝国主义和当时的南朝鲜当局；另一部分是山区和一群遭受射击的无辜居民，象征朝鲜人民。《战争》与《和平》的语言也是象征性的，前者表现战车和恶神

《卡恩韦勒像》

在黑色幽灵的伴随下践踏人类的文明，后者表现人类欢乐、幸福与和平的景象。

1946 年以后，毕加索长期住在法国南部。在这期间，他根据 N. 普桑、J.-L. 大卫和德拉克洛瓦等人的作品，重新加以发挥，画了一些随意的、富于想象的油画；创作了不少精美的版画和书籍插图；还为联合国教科文组织的巴黎总部大厦创作了装饰性绘画。而尤其珍贵的，是他在陶器艺术领域所做的试验。他吸收民间制陶艺术的经验，创造了一批很有特色的彩陶小雕塑和彩陶器皿。

毕加索给人类遗留下来大量的各类美术品。他的私人收藏，包括他自己及朋友的作品，已捐赠给法国政府，巴黎建有毕加索博物馆。

毕加索作为艺术革新家载入世界艺术史册。他利用了西方现代哲学、心理学、自然科学的成果，吸收了非洲艺术和民间艺术的营养，充分发挥自己的想象力，创造出有表现力的艺术语言，对于西方及世界 20 世纪艺术有极大的推动。他的极端变形和夸张的艺术语言，被人们称作"破坏的形式"，在表现畸形的资本主义社会和扭曲了的人与人之间的关系方面很有力量，而在歌颂新生活的秩序、光明，表现人类生活朝气蓬勃方面，往往显得不够有力。但是，他毫不疲倦的探索精神，以自己的艺术关注人类命运和社会前途的精神，永远值得人们纪念。

米 罗

西班牙画家，生于巴塞罗那一个金匠家庭，卒于马略卡岛。1912 年进入弗朗切斯科·加利艺术学校学习。早期作品含有加泰罗尼亚民间艺术、野兽主义和表现主义的成分。1918—1922 年，在采用立体主义手法的同时，注重创造自己独特的稚拙和朴素的风格。20世纪20年代初定居巴黎，加入前卫艺术的圈子并参加达达主义的集会。20世纪20年代中期，转而参加超现实主义运动，在1924年的宣言上签名。1925年举办第一次个人画展并参加了1926年的首届超现实主义展览。1928年访问荷兰，对17世纪荷兰画派大师的作品感兴趣，常画荷兰式的室内景，并且从事雕塑和拼贴。西班牙内战爆发后，离开西班牙到法国，画风变得狂暴，景象恐怖。20世纪40年代

《荷兰内地》

初期，作《星座》组画，用含有神秘意味的图像来描绘人与自然。20世纪40—50年代，他对陶瓷艺术产生兴趣，并与陶瓷艺术家L.阿提加斯合作，制作陶瓷镶嵌画，代表作是为巴黎联合国教科文组织大厦和美国的哈佛大学创作的巨型装饰画。米罗还是杰出的版画家。他被超现实主义评论家们称为"把儿童艺术、原始艺术和民间艺术糅为一体的大师"。他盛期的作品画人、动物和某些象征性的物体，都采用单纯的线，色彩干净、明亮，似乎在用没有受到任何生活尘埃污染过的天真无邪的眼睛看世界，并不时对这混乱的世界发出嘲讽的笑。他作画好似信手拈来，随意、自由，充满装饰趣味。1949年作油画《倒立的人》，画面上一正立和一倒立的人互相连接，倒立者的头和另外的形体又组成一只狗的形象，好像是荒诞世界的缩影。

代表作还有《自画像》（1919，法国毕加索陈列馆藏）、《狂犬吠月》（1926，美国费城美术馆藏）、《荷

兰内地》（1928，纽约现代艺术博物馆藏）、《夜里的女人》（1940）、《蓝色二号》（1961，巴黎马埃美术馆藏）、《人与鸟》（1965）、《寂静中的红色音符》（1968）、《迷宫》（1968）等。

达 利

西班牙画家，生于菲格拉斯，卒于菲格拉斯。幼年在充满暴行和狂乱的气氛中度过。从青少年时代开始，即受人格自大症的影响，这一特征贯穿他一生的创作过程。早年学画于马德里的皇家艺术学院，广泛涉猎过多种艺术风格，从印象主义到立体主义，还迷恋过 G.de 基里科和 C.卡拉的形而上绘画，而

对于抽象主义绘画则采取抵制态度，称它是"使心智衰弱的模型"。1928 年，两次访问巴黎，与毕加索和米罗会晤，多少受到米罗画风的影响；同时，他的超现实主义风格逐渐形成。不同于其他画家的是，他把超现实主义的受激情刺激产生灵感的创作，转变为流动性的过程，并把这过程称为"偏执狂的批判方式"，即将自己内心世界的荒诞、怪异加入和替代外在的客观世界。他声称艺术的源泉是幻觉，创作时陷入疯狂状态；还认为精神病患者在某种状态中（例如在接受医生治疗的过程中）的言行，是感情与愿望最坦白、最真诚的流露，最

《记忆的永恒》

适宜于艺术表现。他在绘画中，用分解、综合、重叠、交错的方式来反映潜意识的过程。20世纪30年代的油画《记忆的永恒》（1931）、《性欲的幽灵》（1934）等，代表了他的创作趋向。从20世纪50年代开始，创作转向宗教题材，受到梵蒂冈教皇的特别器重与赏识。大幅画作《十字架上》（1951）、《最后晚餐》（1955）和《圣母》（1949），浸透了宗教的神秘感，宣扬消极、悲观和出世的思想情绪，被天主教会誉为"20世纪最杰出、宏伟的宗教画"，还从事电影创作和文学写作，也是舞台和广告设计家。1929年、1931年两度与别纽尔合作拍摄影片《一只安大路西亚犬》《金色年代》。1938年，被A.布雷东逐出超现实主义画派。1940年定居美国，1955年从美国迁回西班牙，故乡菲格拉斯有达利美术馆。

伦勃朗

荷兰画家，生于莱顿，卒于阿姆斯特丹。年轻时在阿姆斯特丹从画家P.拉斯特曼习画。他一直对圣经题材感兴趣，一生中没有中断过绘制宗教画，但对这类画作了世俗化的处理。约1625年，返回故乡设画室，从事绘画创作和招收学生。其创作生涯大体包括4个阶段。

《自画像》

莱顿时期（约 1625—1631）

伦勃朗的绘画体裁广泛，包括肖像画、风俗画、风景画、宗教画、历史画等。现存最早署有时间的作品为宗教画《圣斯蒂芬被石块击毙》（约 1626，里昂美术馆藏）。这类油画受拉斯特曼以及乌得勒支画派画家 G.van 洪特霍斯特的影响，采用意大利画家卡拉瓦乔的强烈明暗对比画法，以加强画面的戏剧性效果。在人物形象刻画方面，通过深入地捕捉面部表情的细微变化来揭示其内心活动。从莱顿时期起，他开始绘制大量肖像画。并一直对老年人以及各种富有绘画性特征的人物感兴趣。自画像真迹估计总数在 60 ～ 100 幅之间。为了塑造具有个性特征的人物形象，画家耗尽毕生精力研究面相学。这方面的探索成果，乃是他表现技法的重要组成部分。

莱顿时期中，伦勃朗把卡拉瓦

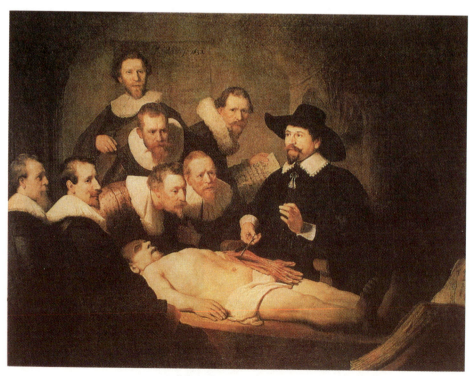

《蒂尔普教授的解剖课》

乔式的明暗对比画法加以发展，形成自己的画风，后人称之为"伦勃朗式的明暗画法"，即主要利用光线塑造形体、表现空间和突出重点，画面层次丰富，而且富有戏剧性。画家很早就致力于发掘油画颜料本身的质感和潜力，从他当时的一些油画作品中能看到采用厚涂画法以及在画布的颜料层上用笔杆刮出痕迹之类的技法。

阿姆斯特丹早期（约1632—1640） 1632年起，伦勃朗定居阿姆斯特丹，在艺术上进入成熟阶段。他的成名作《蒂尔普教授的解剖课》（1632，海牙莫里斯皇家绘画陈列馆藏），突破荷兰传统团体肖像画的呆板程式，在构图和人物神态上均处理得逼真而生动。同时期，他还画了大量肖像画和宗教画，其中的宗教画主要以巴洛克风格画成，力求在作品中以明显的人体姿态和运动表达内心情感。这一类巴洛克绘画中，最具有代表性的作品为《参孙被弄瞎眼睛》（1636）。画中的参孙之妻大利拉，因犯下伤

天害理的罪行而惊慌失措，表情细腻而复杂。

阿姆斯特丹盛期（1640—1648） 17世纪40年代，伦勃朗个人生活遇到一些不幸事件。生活的折磨使他更深刻地去观察和理解社会，在艺术上进入深化阶段。1642年，名画《夜巡》问世。画家进一步突破传统的团体肖像画程式，使它带有风俗画和历史画的性质。《夜巡》以后，伦勃朗越来越少运用巴洛克美术那种激动不安和讲究排场的艺术效果，而热衷于采用更加含蓄的手法去表现画中人物的内心活动。这时期的作品《圣家族》（1645）等虽为宗教画，却洋溢着世俗精神，正如马克思所说：伦勃朗是按照尼德兰的农妇来画圣母的。同一时期，伦勃朗对景写生，制作了《三棵树》（1643）等蚀刻画和一些风景素描。

晚年（1648—1669） 1656年，伦勃朗被迫宣布处于变相的破产状态。他的油画买主不多，但宗教题材蚀刻画却销路甚广。1660年，他

迁居阿姆斯特丹犹太人区域附近。同年，他充当妻子与儿子开设的一家美术公司的雇员，因为这样才能免于受到债主们逼债。次年，受托绘成历史画《西菲利斯的密谋》。C.西菲利斯公元69年发动过反抗罗马暴政的起义，是荷兰远古的民族英雄。此画为荷兰历史画中具有纪念碑式气派的杰作，但如今只留下其中的一块残片（斯德哥尔摩国立博物馆藏）。1662年，他绘成《呢商同业公会理事》（阿姆斯特丹国立博物馆藏）。这幅团体肖像画深刻而含蓄地表现了人物的外貌和性格特征。1663年，他的家庭遭到不幸，但是一系列折磨并未摧毁倔犟的老人，他在去世前还绘出了一批名画，包括《浪子回头》《扫罗与大卫》等。

《参孙被弄瞎眼睛》

凡 高

荷兰画家，生于津德尔特，主要活跃于法国，继印象主义之后在画坛上产生重要影响的革新者，与高更、塞尚齐名，通常被人们称作后印象主义的代表。他16岁完成学业后开始经商，在古皮尔艺术公司当职员，先后在公司的海牙、布鲁塞尔、伦敦的分店和巴黎的总公司工作。后因失恋和热衷于宗教，抛弃经商，1878年进入布鲁塞尔的一个新教教会学校的短期培训班，以后在矿区传教。由于口才不好和工作过于认真，被教会解雇。继而在其兄弟泰奥的帮助下开始学画，曾得到他的表姐夫A.莫夫的指点。早期画风写实，受荷兰传统绘画与法国现实主义画派的影响。1886年来到巴黎，结识H.de图卢兹-洛特雷克、E.贝尔纳、西涅克、高

更和其他印象主义画家，并接触到日本的浮世绘作品，视野大为开阔，色调也变得明亮起来。1887年，凡高两次在劳工阶级的咖啡馆和饭馆展出自己的作品。不久，他厌倦巴黎的生活，向往阳光更为明亮灿烂、色彩更加强烈瑰丽的法国南部。这时，他对印象主义和新印象主义的画风也有所怀疑。自1888年春至1889年夏，他住在阿尔勒。在阿尔勒，他写道："我发现，在巴黎学到的东西正在消失。我正在返回到我在农村时和接触印象主义以前的思想，倘若印象主义批评我的画风，我不会感到惊奇，因为我

《抽着烟斗、包扎着耳朵的自画像》

从德拉克洛瓦的思想中得益的超过了他们。为了更真实地表达我见到的东西，我更自由地运用色彩，使其更具表现力"，"今天我们要求的，是一种在色彩上特别有生气、特别强烈和紧张的艺术"。他还以肖像为例，说明画家在忠实于对象的同时，要用夸张的手法，更有力地表达作者的主观感受。

凡高试图在阿尔勒组织一个与其他画家合作的社团。1888 年 10 月，高更应邀来阿尔勒与凡高同住，可是由于性格不合与艺术追求不同，他们之间很快出现矛盾，甚至相互不能容忍，合作不欢而散。

同年 12 月，凡高因精神失常，割下自己的一只耳朵。从此，他的病时好时坏，于 1889 年夏进圣雷米精神病院休养。1890 年 5 月出院，途经巴黎，稍休息后，迁居瓦兹河畔欧韦，接受 P.–F. 加歇医生的监护。7 月曾去巴黎探望泰奥一家，并会见图卢兹 – 洛特雷克。返回后因旧病复发，于 7 月 27 日开枪自杀，29 日清晨离世。

凡高早期接触社会底层，对劳动阶层的生活有所体验，曾经想当农村画家，表现农民和城市的生活。1885 年，他创作《食土豆者》，是以贫苦的农民生活为题材的，为作此画，他绘制了约 50 幅农民头像。他在印象主义和新印象主义影响下创作的风景画如《塞纳河滨》《带烟斗的人》等，是转折时期的作品。凡高创作的成熟期是 1888 年到阿尔勒以后，他受革新文艺思潮的推动和日本版画的启发，大胆地探

《星光灿烂》

《欧韦的教堂》

索自由抒发内心感情的风格，追求线和色彩自身的表现力，追求画面的平面感、装饰性和寓意性。阿尔勒时期的名作有《向日葵》《邮递员鲁兰》《椅子和烟斗》《咖啡馆夜市》《抽着烟斗、包扎着耳朵的自画像》等。雷米时期和在瓦兹河畔欧韦创作的作品，著名的有《星光灿烂》《凡高在阿尔勒的卧室》《加歇医生》《欧韦的教堂》等。

凡高生前并未得到社会的真正承认。1888 年，由于泰奥的帮助，他的 3 幅油画和数幅素描才得以在独立沙龙展出。1890 年，他在布鲁塞尔"二十人展"上的作品《红色的葡萄园》被人收购，这是他在世时唯一售出的作品。凡高作品中所包含的深刻的悲剧意识、强烈的个性和在形式上的独特追求，远远走在时代的前面，难以为世人接受。但是，他对西方 20 世纪的艺术具有深远的影响力，充分认识作者主体在创作过程中的作用，自由地抒发内心的感情，把握形式相对独立的价值，在油画创作中吸收和撷取东方绘画的因素，这是凡高的艺术对后人的启示。法国的野兽主义、德国的表现主义，以至 20 世纪初出现的抒情抽象派，都曾经受益于凡高的艺术。

凡高给贝尔纳和泰奥的信件于 1893 年开始发表。在这些信件中，他发表了许多精辟的艺术见解。荷兰的阿姆斯特丹建有凡高美术馆。

蒙德里安

荷兰画家，风格派的代表，生于阿默斯福特，卒于美国纽约。其早期作品得益于 17 世纪的荷兰传统绘画，后从象征主义和印象主义中吸收了营养。1908 年以前创作了大量介于印象主义和后印象主义之间的绘画。1908 年创作的油画《红色的树》，保留了具体物象的轮廓，色彩和构图富有表现力，属于表现主义的作品。其间，他主要画树木、静物、河岸、海景和建筑物。自 1912 年初至 1914 年 7 月，他在巴黎居住，沉醉于立体主义，在《有姜罐的静物》和教堂的写生素描中皆有所反映。回荷兰后，他抛弃立体主义。在 1913 年的油画《线与色的构成》中，采用新的空间处理法，而在几幅《防波堤与海》的变体画中，兴趣又

转向几何形符号式的绘画。1919—1938 年住在巴黎，后又在伦敦短期逗留，1940 年迁居纽约直到逝世。从 20 世纪初开始，蒙德里安从事纯几何形的抽象画创作，在平面上把横线和竖线加以结合，形成直角或长方形，并在其中安排原色红、蓝、黄，间有灰色。他认为，人类今天离开物质向精神方向发展，"作为纯粹的精神表现，艺术将以一种净化的，即抽象的美学形式来表现它自己"。只有抽象的形式，才能"避免个别性和特殊性，获得人类共通的纯粹精神表现"。以后，作品中的线条和四方形的数目逐渐减少，灰色被排除出画面，原色也减到一至二种，所占的面积也比

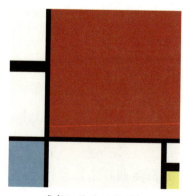

《有红蓝黄的构图》

以前小。20 年代中期的《黄与蓝》（1925）显示出独特的风格，这种风格一直延续到晚年。他到美国后，受美国生活的影响，画中表现出爵士音乐的节奏，反映出繁闹的都市生活中安宁和不平静的情绪，其中最典型的是油画《百老汇爵士乐》（1942—1943）。

罗塞蒂

英国诗人、画家，生于伦敦，卒于肯特郡的伯青顿。其父加布里埃尔·罗塞蒂是意大利烧炭党人，流亡伦敦，任伦敦大学国王学院意文教授。兄妹 4 人中，他和妹妹克里斯蒂娜、弟弟威廉皆有文名。他就学于国王学院，后又入皇家学院学画，同时醉心研读莎士比亚、歌德、司各特、爱伦·坡、布莱克等人的作品及哥特式怪异小说。1848年与皇家学院同学亨特、米莱等 5 人及其弟威廉创立拉斐尔前派，艺术特征是取材于自然，注重细节，感情真挚，带有象征主义及神秘主义的宗教色彩。他早期的诗画，因得到艺术评论家罗斯金的提携资助，逐渐成名。罗塞蒂在求学时期就表现出诗才高于画技。他最著名的诗作《神女》描写一登仙的少女眷念留在尘世的爱人。1850 年威廉主编《萌芽》杂志，致力于阐发拉斐尔前派的信念，陆续发表罗塞蒂的《神女》及其他诗作。1863 年他

《比特里克斯》

画了《比特里克斯》以纪念亡妻。1869年他依从友人的劝告，发掘为其妻殉葬的诗稿，1870年以《诗集》为名问世，其中包括自传性质的十四行组诗《生命之屋》。其他诗作还有《民谣及十四行诗集》（1881）和翻译诗集《早期意大利诗人》（1861年、1874年重版时改名为《但丁及其同道者》）。罗塞蒂的诗意象具体，想象精微，有显著的民谣的特色；韵律均匀平稳，有意大利诗歌的音乐节奏感和宗教色彩。诗中富有画意，许多诗有他自绘的插图或为题画而作。他的诗和画为不少人所模仿。

创立拉斐尔前派。在这期间，他一面受罗塞蒂的影响，另一面又受亨特的影响，创作极为丰富。他把拉斐尔前派的精神都用到风景画中，如《奥菲莉娅》（1852）和《盲女》（1856）中，对于花、芦苇的精细描绘就是明证。1855年以后，米莱扩大了自己的绘画领域，画了一些伤感的逸事性作品，如《第一次布道》（1863）、《水泡》（1886），以及肖像画《比肖夫谢姆夫人》（1873）；并给《每周一次》《箴言》等期刊撰稿。这些作品不仅给他带来声誉，也带来了每年三万镑的收入和男爵爵位。1863年被选为皇家学院会员。1896年逝世前几月被任命为皇家学院院长。

米 莱

英国画家，生于南安普敦，卒于伦敦。1840年进入皇家学院，1848年与W.H.亨特、D.G.罗塞蒂

《奥菲莉娅》

夏尔丹

法国画家，生于巴黎，卒于巴黎。擅长静物画和风俗画，早年入学院派画家 P.–J. 卡泽的画室，后一度成为 N.–N. 科伊佩尔的助手。1728 年以《鳐鱼》一画展出成功，被接纳为皇家学院院士。夏尔丹的静物画早期受小荷兰画派的影响，比较注意装饰效果和表面趣味，18 世纪 30 年代逐渐进入成熟时期。他所描绘的多是市民家庭中最普通的用品，如《铜水箱》（1733）等，这些作品令人联想到主人的简朴生

《午餐前的祈祷》

《自画像》

活，艺术语言也益趋简洁明晰。他在静物画方面的成就突出地表现在 50 岁以后的作品中。《艺术的属性》（1765）在画面的桌上摆有画具，令人感到生活脉搏的跳动。在 18 世纪 30 年代后半期，夏尔丹开始大量创作风俗画，直接反映市民家庭的日常生活。他一生几乎没有离开过巴黎，他把所熟悉的中产阶级和手工业者的家庭生活真实地表现出来，如他画现实生活中所熟悉的小人物厨娘、家庭主妇、儿童、女教师、洗衣妇、男女仆人等。夏

尔丹的风俗画创作有《洗衣妇》（约1733）、《厨娘》（1738）、《小孩和陀螺》（1738）、《午餐前的祈祷》（1740）、《吹肥皂泡的少年》（1730）等。他的风俗画和当时以布歇为代表的洛可可绘画形成了鲜明对照。他还是肖像画家，晚年用色粉笔完成的自画像和第二位妻子的肖像是这方面的代表作。启蒙运动思想家狄德罗在他著名的沙龙评论中对夏尔丹的艺术曾经给予高度评价。

《荷拉斯兄弟之誓》

大 卫

法国画家，新古典主义美术的代表，生于巴黎一个中产阶级家庭，卒于比利时布鲁塞尔。1766年，他经布歇推荐成为皇家美术学院教授维恩的学生。大卫的早期作品还带有布歇及洛可可艺术风格的影响，如《米涅瓦与马尔斯的争斗》（1771）。1775—1780年在罗马居留期间，他沉浸在古典美的追求中，未来斗争的召唤使他愈益表现出鲜明的革命色彩。大卫回国后因在1781年沙龙上展出《求乞的贝利萨里》而崭露头角。这幅取材于罗马历史故事的油画客观上影射到法国专制君主的昏庸和残暴，受到狄德罗和进步舆论界的称赞。大卫由此画被接纳为皇家学院院士。根据P.高乃依的悲剧创作的历史画《荷拉斯兄弟之誓》是这一时期的代表作品。它以坚实的素描、强烈的色彩和雕塑般的造型突出刻画了荷拉斯父子出征前的英雄气概，而将笼罩在忧虑和悲哀气氛中的女眷用作烘托和陪衬，从而有力地揭示了为共和国的利益不惜牺牲个人的现实主题。大卫于大革命爆发前夕完成的同类历史画《布鲁特斯》（1789，卢浮宫博物馆藏）使他的创作和人民革命热潮进一步紧密联结在一起。1790年大卫宣誓加入雅各宾派，成为代表第三等级利益的积极社会活动家。1792年当选国民公会委员，随即领导了艺术委员会和公民教育委员会的工作。他代表国民公会宣布关闭波旁王朝的美术学院，并且将卢浮宫改造成向大众开放的美术馆。

大卫在革命高潮中创作了直接表现当代历史事件和人物的作品。除《球厅宣誓》（1791）未能完成，只留下素描稿外，最重要的是《马拉之死》（1793），这幅油画以极为简洁、朴素的古典手法成功地将肖像的描绘、历史的精确性和崇高的悲剧性结合在一起，有力地表现了

《萨宾妇女》

这位人民之友的英雄主义特征，因而成为纪念碑式的现实主义历史画名作。

大卫同类题材的著名作品还有《约瑟夫·巴拉》（1794，未完成）。他在大革命前后画的许多当代人的肖像，如《佩科尔夫人像》（1784）、《赛里兹夫人及其小女儿》（1794）以及《卖菜女工》（1795，里昂）等，既有对古典形式研究的严谨结构，又不乏生动的性格特征。其中尤以后者表现得极为出色，可说是大革命中巴黎平民妇女的典型写照。《雷卡米埃夫人》（1800，卢浮宫博物馆藏）则是同样富有活力的一幅描绘上层社会妇女的古典主义杰作。

1794 年 7 月大资产阶级发动政变，随着罗伯斯比尔的被处死，大卫也被捕入狱，他改变了政治主张和艺术见解，这就是所谓"大卫的转向"。他在出狱后画的《萨宾妇女》中所宣扬的已不是战斗的热情，而是号召妥协，呼唤容忍。

《加冕》

1799 年 11 月的雾月政变建立了拿破仑的独裁统治，大卫重新受到重用，被授予首席画师的称号。

大卫在拿破仑执政和称帝时期创作了一系列为后者歌功颂德的作品。这些作品中著名的有《波拿巴在圣·贝尔拿特险坡上》《加冕》等。《加冕》一画忠实地记录了 1804 年 12 月 2 日拿破仑在巴黎圣母院举行加冕仪式的情景，场面壮观，气势宏大，堪称帝政时期新古典主义绘画的代表。1814 年，拿破仑帝国崩溃，波旁王朝复辟，大卫曾因投票赞成处死路易十六被迫迁居布鲁塞尔。安格尔等许多著名画家都是他的学生。

《瓦桑村的道路》

毕沙罗

法国画家，印象主义展览的参加者。生于西印度群岛中的圣托马斯岛一个犹太人家庭，卒于巴黎。12 岁到巴黎，17 岁回到西印度群岛，在父亲经营的贸易机构中任职。因企盼从事绘画，不久又回到巴黎入丹麦画家 F. 梅尔比画室学习。毕沙罗在绘画风格形成的过程中，受库尔贝和 C. 柯罗的影响较大。1859 年，他的作品第一次被官方沙龙接受，在 1870 年以前不断地在沙龙中展出作品。1859 年，他与莫奈结识并参加了巴黎 1863 年的落选沙龙。他参加过印象主义的历届展览会。他的早期作品如《蓬图瓦兹的河岸景色》（1867），可以看出柯罗和巴比松画派对他的影响。从 1869 年起，他开始注重外光的表现。1870 年和莫奈在英国逗留，英国画家康斯坦布尔、透纳对户外空气、光线和瞬间效果的探索给予他启示。在这期间，他的绘画进展很快，技巧更自由，色彩更明亮。1872 年回法国后所画的《瓦桑村的道路》，反映了这种风格的变化。19 世纪 70 年代末期，毕沙罗画中原有的建筑性、实体性逐渐消失，描绘更多的是树枝、树叶和水流。19 世纪 80 年代，毕沙罗的题材有些变化，他取材于农村生活，表现农民劳动、休息的场景，画面带有米勒的感伤味。这类作品有《农妇与手推车》（1880）、《马铃薯的收成》（1886）、《手拿树枝的农家女》、《折树枝的农妇》等。毕沙罗曾鼓励塞尚到户外作画，帮助他把画面画得更亮一些，他自己也曾受到塞尚技法的启示，在画面中注重结构。约在 1885 年，他对新结交的朋友西涅克和修拉的画法产生兴趣，一度迷恋点彩法。但不久，便放弃了这种画法，重新采用印象主义的技巧作画，如《蒙特玛德大街》（1897）。他晚年体弱多病，不能到户外写生，常常在室内从窗中眺望巴黎的市景，画下了不少巴黎街头的景色。

马奈

法国画家，生于巴黎，卒于巴黎。马奈 16 岁到巴西里约热内卢当见习水手，因考航海学校未被录取，立志学画。回到巴黎后进入 T.库蒂尔画室学习（1850～1856）。因不满库蒂尔的学院派教学法，常和老师发生冲突。他经常到卢浮宫和私人收藏家那里观摩前辈大师的作品，提香、E.格列柯、J.de 里韦拉、委拉斯开兹、戈雅、F.哈尔斯及鲁本斯的画，对他很有启发。1859 年，马奈把《苦艾酒的嗜好者》一画送往沙龙，遭拒绝，但受到诗人波德莱尔的赞赏。库尔贝评论当时的马奈是"在委拉斯开兹的影响下作画"。委拉斯开兹的影响明显地表现在他19世纪60年代的作品《弹吉他的人》《瓦朗斯的洛拉》中。马奈描写外光的兴趣最早反映在《土伊勒里宫花园音乐会》（1862）中。1863年，他的油画《草地上的午餐》描绘一裸体女子和两位衣冠整齐的中年男子在草地上野餐的情景，引起法国艺术界的争论。此画的构图曾经受到乔尔

乔涅的《田园交响乐》和根据拉斐尔的《帕里斯的审判》复制的铜版画的启发。官方沙龙拒绝陈列这幅画，他便在落选沙龙中展出。作者最感兴趣的不是描写的情节和题材，而主要是色彩的和谐，是阳光透过树叶照射到丰满的人体上的色彩反映。

他另一幅引起世人争议的作品是《奥林匹亚》。它的构图是文艺复兴以来常见的躺着的维纳斯，但在马奈的笔下却是巴黎少女的形象。作者在人体、布景和黑人女奴的描绘中，寻求色彩相互影响所形成的微妙关系。当时不少人批评这幅画的"自然主义"，说它丑陋不堪。但是得到作家左拉的坚决支持，尤其在1867年马奈举行个人画展时，左拉发表的评论文章在法国文艺界引起强烈的反响。

就政治立场和思想倾向而言，马奈接近激进的共和派。他和他的哥哥以及画家德加经常参加共和派组织的群众集会。1867年，他创作的油画《枪决墨西哥皇帝马克西米

《吹笛少年》

连》，曲折地反映了同年6月发生的政治事件。因为有明显的政治倾向，此画未能展出。

1870年普法战争爆发后，马奈参加国民自卫军，担任军官。巴黎公社期间，他在缺席的情况下被选进库尔贝领导的管理美术的委员会。他在公社受到凡尔赛政府军队包围的情况下回到巴黎，两幅作品记录了巴黎公社被镇压的场面。一幅是石版画《国内战争》，另一幅是水彩画《处决公社社员》。从19世纪60年代中期起，他成为青年画家们的领袖，是盖尔波瓦咖啡馆里经常聚会的艺术社团的中心人物。他虽未参加过任何一届印象派的展览，但他是这一运动的鼓吹者和积极支持者，与莫奈、莫里索等关系密切。马奈的作品之所以受到青年们的赏识，主要是他选材和表现风格自由，不受空间透视的束缚，以及有外光的新鲜感，打破了传统的千篇一律的棕褐色调。到后期，他又改用彩色笔触和彩色线条作画。反映这两种风格转折的作品有题为《庭园》的油画。他在19世纪70年代完成的作品如《在船中》《莫奈在船上作画》等，运用了印象派的画法，明显受到年轻画家的影响。他的《左拉像》（1868）、《一杯啤酒》（1872）、《莫里索像》（1872）都是传世杰作。晚年受到赞誉的作品还有《福列斯－贝热尔酒吧间》（1881—1882）。马奈为巴黎市政厅大厦创作的装饰壁画，描绘

《奥林匹亚》

当代巴黎人的生活，但没有取得成果。他对于风景、静物都很擅长，粉笔画也很出色。

德 加

法国画家，印象主义展览的参加者。生于巴黎，卒于巴黎。1855年进入美术学校，在安格尔的弟子L.拉莫特的指导下学画，并且很崇拜安格尔。1856—1867年，他在罗马和那不勒斯研究意大利文艺复兴美术，醉心于画历史题材和肖像，早期对严格的造型孜孜以求。他善于用线条勾画出物象的形，在线的运动和形的塑造中，表现出一种高雅的趣味。19世纪60年代末和70年代初，德加和马奈过往密切，虽然这时他已参加了几届官方沙龙，但仍然常到盖尔波瓦咖啡馆聚会，参加到未来的印象派画家的行列。

德加从1865年以后转向现代题材和肖像画创作。最初他描绘赛马的场面，继而以极大的兴致描绘歌剧院和芭蕾舞的排练场。他常常在后台和包厢里冷静地观察对象，研究演员们瞬间激烈的动作。他的画色调温暖、轻快、鲜明。在描绘歌手、芭蕾舞演员、洗衣妇的画面中，德加不但表现出善于捕捉生活

《蓝色的舞女》

中的美的能力，同时也表现出对社会下层人物的同情。在造型观念上，德加与其他印象派画家不同的是，他始终强调素描的重要性，并认为素描比色彩的表现性更丰富。他之所以选择粉画和油画棒作画，一方面是因为它们作画比油彩快，另一方面是为了可以用更强、更粗的线造成近似素描的效果。其代表作有《浴后》《少女头像》《巴黎歌剧院的乐队》《芭蕾舞的排练场》《蓝色的舞女》《熨衣妇》等。他和他的英国学生 W.R. 西克尔特对英国的绘画发展产生一定的影响。

德加还是一个出色的雕塑家。他的雕塑作品结构严谨，善于表现人物的运动。

西斯莱

法国画家，印象主义展览会的参加者，生于巴黎，卒于巴黎近郊的莫雷。父母是英国人，他在巴黎接受教育以后，被送到伦敦一家商行工作。1862 年回到巴黎，进入格莱尔画室，与莫奈、雷诺阿、巴齐耶结为至交。他参加过 1863 年落选沙龙展、1866 年沙龙展、1874 年第一届印象派展览和其他几届印象派展览。他主要画风景画，在运用明亮的色调和迅疾的笔触表现空气流动和瞬间的水面反射效果上，与莫奈的画风相近。

他的早期作品如 1866 年的《枫丹白露林边》，明显受到库尔贝的影响。1870 年的《圣马丁运河》，色彩变得更为和谐自然，画面色调也比较统一。1872 年的《阿让特伊小广场》开始显示出自己的独特风格，他用微妙的色彩关系来表现有诗意的自然景色，注重对外光的探索。在印象派画家中，他的雪景十分精彩，他不仅善于从白色和灰色中取得色彩和谐，而且还得心应手地用色调的对比来创造喜悦的和乐观主义的情绪。在这类作品中突出

《洪水泛滥中的小舟》

的是《鲁弗申的雪》（1874）。70年代中期他的代表作有《马尔港的洪水》《洪水泛滥中的小舟》（1876）。

从80年代中期起，西斯莱受到新印象主义，即点彩派的影响，在作品中尝试用点彩的技法。他的晚期作品有转向表现物象实体感的倾向，色彩明亮，但缺乏早期创作中的抒情和诗意。

虽然从1890年西斯莱的许多油画在官方的沙龙展出，但直到逝世他始终没有得到社会的承认。

塞　尚

法国画家，继印象主义之后的

绘画革新家，与凡高、高更一起被后人称为后印象主义画家。塞尚出生在普罗旺斯附近的艾克斯，卒于艾克斯。塞尚青年时期学过法律，爱好文学和美术。在艾克斯的布尔邦专科学校与同乡左拉结为至交。1862年到巴黎专攻绘画，并结识毕沙罗。1863年，他参加落选沙龙。次年，作品又被官方沙龙拒绝。经左拉介绍，他与马奈、雷诺阿等交往。1867—1868年接近在盖尔波瓦咖啡馆聚会的青年艺术家们。1870年普法战争爆发后，为了逃避服兵役在离艾克斯不远的埃斯塔克隐居。1872年与毕沙罗在蓬图瓦兹一起作画。从1873年起他得到印象主义绘画最早的收藏家之一 P.-F. 加歇医生的赏识，从此渐露头角。他的早期作品《强暴》（1867）、《验尸》、《野餐》（1869）富于戏剧性。浪漫主义的两大主题——悲剧的爱情与死亡，强烈地吸引着他。能够显示他后来风格发展趋向的是《黑色的时钟》（1869—1871）和《埃斯塔克融雪的景色》（1870）。他在自己的风格成熟以前认真研究古典绘画，在卢浮宫临摹过鲁本斯、德拉克洛瓦及威尼斯画派和巴洛克大师的作品。他早期的人物画比例比较奇特，不合乎古典法则，在画面的结构与色彩关系上，有敏锐的感觉。在作品《穿僧侣衣服的多米尼

《玩纸牌者》

《酒神宴舞》

克舅父》（1866）中，为了表现结构与色彩关系，他采用蜿蜒弯曲的笔触，用画刀在画布上厚重地涂抹，运用强烈的黑白对比。1866年后，他吸收印象派的技法，涂色较为均匀、和谐，并采用马奈惯用的黄、灰和棕色。这种转变风格的代表作品是《读报纸的父亲像》。不过，塞尚在吸收印象主义技法的同时，并没有抛弃个性，他更加关心对象的实体感，关心均衡与结构，画面显示出凝重和恒定持久的感觉。这种艺术追求驱使他更接近普桑和新古典主义，并与印象主义分道扬镳，独辟蹊径。塞尚的强烈个性在现实生活中经常受到奚落和嘲笑，作品一次又一次被沙龙拒绝。他回到家乡艾克斯，决心在吸收新的技法成果的基础上，像普桑那样，创造出有持久性效果的形象。这就是他主张的"完全根据自然，重画普桑的画"，"在室外借助于色彩和光线，画一幅生气勃勃的普桑的画"。

从19世纪70年代末到逝世前30多年，塞尚创造了一系列风格特征鲜明的人物画、风景画和静物画，如《肖凯像》（约1877）、《玩纸牌者》（1890—1892）、《圣维克图瓦山与苍松》和《苹果篮》（1890—1894）以及《酒神宴舞》（1875—1876）等。晚年作品《大浴女》（1895—1905）写意的特征更加鲜明。

塞尚主张绘画摆脱文学性和情节性，充分发挥绘画语言的表现力，推动了欧洲纯绘画观念的流行和现代派绘画的发展。他要求强烈地感受对象，反对冷漠地对待自然，强调主观感受的重要性，坚持发挥思维的作用，把客观物象条理

《大浴女》

化、秩序化和抽象化。他提出要用圆柱体、球体和锥体来处理形象，以表达超越自然的理想概念。在画面处理上，塞尚追求平面感，用色彩表现空间。

他在绘画上的革新精神受到西方20世纪艺术家的普遍重视，被誉为"现代绘画之父"。他对绘画中表现体面的重视，对立体主义艺术家尤其有启发。他的某些艺术主张，如否定绘画的情节性、文学性等，被20世纪西方一些艺术家片面地发展，构成现代派理论体系的核心。

莫 奈

法国画家，印象主义的代表，生于巴黎，卒于吉维尼。少年时代在勒阿弗尔度过。最初，受教于有革新精神的画家E.布丹。1859年

到巴黎，在蒙马尔特区与许多艺术家结识。1860年服兵役到阿尔及利亚，1862年因健康不佳提前退役。回国后，继续向布丹学习，并结识了画家J.B.戎金。布丹和戎金对他如何表现外光和海洋风光的课题颇多指点。1862年，进入巴黎格莱尔画室学习，和雷诺阿、西斯莱、巴齐耶同学，并结为莫逆之交。这些画家对格莱尔的学院派教学法深为不满，很快离开这个画室到巴比

《鲁昂教堂》

松附近枫丹白露对景写生。在此期间，莫奈对库尔贝、马奈的艺术产生兴趣。在他的早期作品《卡米耶》（1866）、《花园中的妇女》中，可以看到马奈的影响。他参加了青年艺术家在巴黎盖尔波瓦咖啡馆的定期会晤，是这些画家（后来成为印象派社团）的中坚人物。1870年莫奈访问伦敦，从透纳的外光表现技巧中得到启示。归来后，在勒阿弗尔港创作风景画《日出·印象》。不久与一些志同道合的人到塞纳河畔的阿让特伊建立流动画室，共同讨论艺术问题，观察大自然景色的千变万化，捕捉阳光、空气在自然界物体上的微妙变化。1874年，《日

出·印象》在无名艺术家展览会上展出，受到保守批评家的嘲讽，整个展览会被称作"印象主义画家的展览会"，从此印象主义得名。1878—1883年，他在韦特伊村画风景，到各地旅行写生。1883年定居吉维尼，全力以赴地作风景画。1891年第二次访问伦敦，不久创作《草垛》《鲁昂教堂》连作。在访问挪威后，他根据自己在吉维尼别墅花园中河塘的景色作系列连作《睡莲》。在创造新风格的绘画作品时，莫奈借鉴了东方绘画的技巧，他是日本浮世绘版画的热心收集者。对东方绘画单纯精练的语言、平面处理法和以少胜多的技巧赞叹不已。莫奈从早期就迷恋阳光，他的一生精力主要用在外光的探索上。他用三棱镜来分解阳光，得到原色，用强烈的原色作画。在《巴黎，卡皮桑纳大街》《圣拉扎尔车站》《草垛》《鲁昂教堂》《泰晤士河景色》《白杨树》等系列连作中，他对外光和空气的氛围作了淋漓尽致的描绘。这些风景忽视物象轮廓的写真，侧

《睡莲》

重用光线和色彩来表现瞬间的印象，追求光和色的独立的美。他对光色的追求在《睡莲》中达到高峰。虽然在创作《睡莲》时，他已年迈体弱，视力衰退，但仍以极大的毅力从事这组规模宏大的室内装饰嵌板画。《睡莲》技巧成熟，笔法纵横不羁，油彩涂抹厚薄自由，构图奔放，含有浓郁的诗意和音乐感，是油画中的大写意之作。1922年，法国政府想购买他的《睡莲》，莫奈表示愿意奉送。根据他的愿望，法国政府在巴黎土伊勒里宫的橘园椭圆厅中永久陈列他的作品。

罗 丹

法国雕塑家，生于巴黎，卒于默东。幼时家境贫寒，父亲是普通职员，母亲为做鞋工人。罗丹14岁考入图画学校学习，得装饰雕塑

家 J.-B. 卡尔波的启蒙。罗丹早年对绘画的兴趣曾大于雕塑，由于绘画费用太大，因而毕业后进入动物雕塑家 A.L. 巴里门下深造。1864年，转到 A.-E. 卡里埃－贝勒斯工作室当助手，1871年协助卡里埃－贝勒斯为布鲁塞尔商会和比利时学院作装饰性雕塑。1875年旅行意大利，米开朗琪罗的杰作使他扩大了艺术视野，从此逐步脱离了

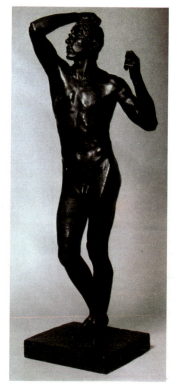

《青铜时代》

学院派的表现程式。1877 年到法国北部旅行，悉心研究中世纪哥特式的建筑和雕塑，使他在艺术上获得长足进步，确立了自己的创作方法。罗丹早期的代表作有《伤鼻梁的人》（1864—1875）、《青铜时代》（1876）、《施洗约翰》（1878）等。从中可以看到罗丹坚实的造型能力和富于思考的、独到的创作思维。特别在后两件作品中，他已摆脱了

《地狱之门》

学院派的虚构和理想化的程式，赋予法国雕塑以写实主义的表现方法和生活的激情。

1880 年，罗丹接受国家订件，为巴黎装饰艺术博物馆的大门及西侧门框作浮雕装饰，他从但丁的《神曲》得到启发，决定以《地狱篇》作为题材，因此这一艺术构思又被称为《地狱之门》。《地狱之门》共有 186 个人体，主要分布在 3 个部位：门框的三角形空间，门顶端的长方形框架，两扇大门上——门的一侧表现的是青春和情恋，另一侧则表现地狱生活的悲惨和痛苦。罗丹构思的人体，几乎包括了他在 1880 年以后所做的许多重要作品，如《思想者》《乌戈利诺和他的儿子们》《吻》《永恒的偶像》等。这个宏伟的工程，耗去罗丹 37 年时间。由于种种原因，直到他去世，这件作品没有最后完成，但围绕这个构思的许多作品，是罗丹留下的一笔宝贵的艺术遗产。

1884 年加莱城倡议，为纪念英法百年战争中为营救加莱城人民而

自愿献身的英雄做纪念像。罗丹完成作品《加莱义民》，以纪念6位义民的功勋和表彰他们的爱国主义精神。这座纪念碑的问世，使罗丹获得了世界声誉。1913年英国政府购买了《加莱义民》的复制品，并请罗丹亲往英国奠基，安置在英国国会大厦的旁边。

1882年是雨果诞生80周年，法国文艺界提出为雨果塑造胸像，罗丹欣然接受了这个任务。在雨果逝世以后，罗丹又为巴黎先贤祠设计了雨果纪念像，刻画了伟大作家深远而痛苦的精神状态，表达了雨果从悲剧世界中看到人类未来的信念。1891年，罗丹接受了创作巴尔扎克纪念碑的任务。为塑造巴尔扎克，罗丹收集了大量资料，以大胆的构思把巴尔扎克表现为身披睡衣，处于创作灵感来到时的昂首振奋状态，揭示了巴尔扎克内在的力量。由于他在纪念碑中全新的表现手法，在当时学院派的操纵下，文学家协会以多数票否决了他的设计稿。罗丹把呕心沥血创作的

《巴尔扎克》

《巴尔扎克》送到巴黎自己的寓所。在 1900 年和 1912 年，美国和德国先后向他表示愿用巨款购买这座纪念碑，罗丹都未答应。他认为《巴尔扎克》的第一件原作应留在法国。在罗丹逝世以后，在舆论的要求下，《巴尔扎克》的铸铜塑像才在巴黎竖起。

罗丹曾为文艺界名人作过一系列肖像，如《达卢》《波德莱尔》《皮维斯·德夏瓦纳》《萧伯纳》等。他作的妇女肖像也很有风采和特色。罗丹在逝世前一年，决定将自己的作品全部赠送给国家，现收藏在巴黎的罗丹博物馆。

罗丹一生付出了艰巨的劳动，在艺术上有很高的造诣，是富于浪漫主义精神的现实主义者，他用多样的手法和新颖的构思，进行了大量创作，极大地丰富了雕塑艺术的表现领域。他的创作对欧洲现代雕塑的发展产生了不可低估的作用。罗丹有创作经验和理论的著述《艺术论》传世。

雷诺阿

法国画家，印象主义展览的参加者，生于利摩日，卒于卡涅。由于家庭境遇不佳，少年时期随彩陶匠学徒，培养了他对透明色的鉴赏力和用色彩制造装饰效果的能力。为了谋生，他还画过扇面和宗教画。1861 年进入格莱尔画室，与西

《包厢》

斯莱、莫奈和巴齐耶结交。他们后来一同到枫丹白露森林作画。1870年普法战争期间，雷诺阿参加法国骑兵队，战争结束后重新拿起画笔。他和莫奈等青年画家在塞纳河畔阿让特伊作画，研究阳光在水面上的反映。1874年印象主义画家举办第一届展览会，雷诺阿陈列了他的油画《包厢》，引起世人注意。但是，他最感兴趣的是人体美。他沉醉于表现生活的欢乐气氛。雷诺阿的女性裸体画着重表现人体的饱满、温情和妩媚，她们结实、丰腴、有肉感，但基调是健康的，给观众的审美享受和艺术创造的启发是主要的。苏联文艺理论家A.V.卢纳察尔斯基称他是"描绘欢乐的画家"。雷诺阿参加了1874、1876、1877年举办的3届印象主义展览。1878年起，由于经济上的原因，他脱离印象主义转向官方沙龙。为适应沙龙的需要，他的艺术风格也经历了一些变化。1883年左右，他到意大利旅行，在那不勒斯、庞贝参观了希腊、罗马的壁画，受古典艺术的影响，追求线的造型和宏伟的构图。在西班牙，他探索委拉斯开兹表现快乐的奥秘。1888年，他感到自己的作品平淡乏味，毁掉了不少画幅。1903年雷诺阿定居法国南部。因双手患风湿病很难把握画笔，但他仍坚持观察和作画，直到离开人世时，手上还握着画笔。他创作了不少印象派风格的肖像画，著名的有《读书的女人》（1874）、《莫奈像》、《扎头巾的青年女子》（1875）、《读书的女孩》（1890）等。

《莫奈像》

描写外光的作品有《拉·格雷努耶尔》（1869）、《红磨坊街的舞会》（1876）。参加官方沙龙的作品《夏庞蒂埃夫人和她的孩子》（1878）、《游艇上的午餐》（1881）、《沐浴的女人们》（1887）等，虽然获得成功，但缺乏早期作品的生气。他的作品除藏在法国和欧洲其他国家的大博物馆外，在美国也有不少收藏，他的艺术在美国受到特别的推崇。

卢 梭

法国画家，生于拉瓦勒，卒于巴黎。18岁到军队服役，任第52兵团萨克斯管吹奏手，1871年退役后在海关税收部供职，1885年退职作业余画家。1886年由西涅克介绍参加独立沙龙展。从1905年起，

《梦》

他的作品经常参加巴黎秋季沙龙画展。卢梭与他同时代的印象主义画家过从甚密，尤其推崇高更、O.雷东、H.de 图卢兹－洛特雷克等具有革新精神的画家，在艺术上不逐时流，形成自己天真淳朴、真实稚拙的艺术画貌。20 世纪初，一般观众对稚拙画不理解，将他的作品视为趣味低下的粗俗艺术，同时代的艺术家也对他的探求表示怀疑。1907 年，美术批评家 W.乌德撰文赞赏他的艺术，从而开始受到巴黎画界的重视，尊奉他为原始派艺术的开山祖。代表作品有《入市税征收所》（约 1890）、《贪婪的狮子》（1905）、《足球娱乐者》（1908）和《梦》（1910）等。在他死后，1912 年意大利诗人 G.阿波利奈尔用诗体形式为他撰写了墓志铭，雕塑家 C.布朗库西将诗句镌刻在碑上。伯恩海姆－热纳画廊举办了大型卢梭作品回顾展。他在现代西方艺术史上被称作稚拙派代表。

高 更

　　法国画家，继印象主义之后在法国画坛上产生重要影响的艺术革新者，与凡高、塞尚等被称为后印象主义代表人物。生于巴黎，卒于太平洋马克萨斯群岛（法）阿图奥纳岛。童年在秘鲁利马度过，幼年丧父，后随母回法国。1865 年做过海员，1871 年又改行做证券经纪人。这时，作为业余画家，他迷恋和收集印象主义画家的作品，并且参加了 1880—1886 年的印象主义

《自画像》

展览。1883 年，他抛弃证券经纪人的职业成为职业画家，过着不稳定的生活，几经周折又与自己的家庭决裂。1886—1890 年到法国布列塔尼有艺术传统的古老村庄蓬塔旺和勒普尔迪生活和创作，组织了蓬塔旺画派的社团，参加的主要是一些尚未成熟的青年风景画家。他们不满印象派和新印象派的画风，追求新颖自由的风格，但由于成员之间缺乏信任，不久解散。1887 年，他到巴拿马和马提尼克岛旅行。1888 年，应凡高之邀到阿尔勒与其合作，但由于艺术志趣不一不欢而散。1891 年，他到南太平洋的塔希提岛（法）生活和创作。1893 年因经济拮据回到巴黎。1893—1895 年，来往于巴黎和布列塔尼之间，展出在塔希提岛创作的画，撰写题为《诺阿、诺阿》（意为"芳香的土地"）的日记。1895 年，回到塔希提，重新过土著人的生活。由于健康状况的恶化和巴黎方面经济支持的中断，精神上受到极大刺激，于 1897 年服毒自杀未遂。1901 年，迁居到马克萨斯群岛的阿图奥纳岛，直至病故。

高更于 1875 年结识印象主义画家毕沙罗。他的早期作品的手法接近毕沙罗的风格。1885 年之后，特别是在塔希提岛之后，个人风格逐渐形成。这种风格的特点是：①含有浓厚的象征性。象征主义的文艺思潮于 19 世纪 80 年代

《我们来自何方？我们是什么？我们走向何方？》

末期在法国流行，1891 年 2 月，近 200 位象征主义艺术家和诗人在巴黎聚会，宣称他们的会晤"标志着象征主义的黄金时代和顶峰"，高更被人们推崇为象征主义画家。受象征主义美学观念的驱使，他愈来愈不满足印象派的绘画，认为他们画的是眼睛所看到的东西，不是心灵深处的东西。他认为艺术是一种抽象。《我们来自何方？我们是什么？我们走向何方？》（1897）就是典型的象征主义作品，是他自杀未遂后在塔希提岛创作的。他用梦幻的记忆形式，把读者引入似真非真的时空延续之中。在长达 4.5 米的大幅画面上，从左到右意味着从生命到死亡的历程。树木、花草、果实，一切植物象征着时间的飞逝和人的生命的消失。②追求艺术表现的原始性。高更一再强调要创造出原始的、本能的和暗示的艺术。他认为原始社会是从精神里产生出来的，是符合自然的。他认为自己具有孩子和原始野人

的气质。他赞美原始艺术所含有的质朴、天真的情趣和神秘感，这种要求原始性和本能性的观念，是和哲学上的人是复杂的观念相一致的。高更厌恶现代文明，到过着原始生活方式的土著人中间寻找精神上的慰藉。他的生活和艺术，都体现了他在热烈地追求异样的欢乐和享受，迷恋有刺激性的人生乐趣和艺术格调。他画的《两个塔希提妇女》（1899），含有精致的趣味性和艺术魅力。③追求色彩的平涂法，以取得综合性的效果。高更盛期的创作采用色彩分析法，并且十分注意光线。评论家们指出，从他的早期创作开始，色调中便包含了混合

《布道后的幻象》

的成分，色彩注意和谐而不强调对比。这种倾向，到19世纪80年代末期显著地加强了。他被当地的原始生活方式所陶醉，在色调运用上倾向于融合为单一的调子，以取得平面的色彩效果。《布道后的幻象》（1888），是采用这种艺术处理的代表作之一。高更将人物安排在一个不大真实的、但生动的深红色背景之上，色彩是大面积的平涂，与印象主义的小笔触技法趣味迥然不同。这种技法，在西方绘画史上称作"综合主义"，其特征是用平涂的表面、强烈的轮廓线以及主观化的色彩来表现经过概括和简化了的形，不论是形或色彩，都服从于一定的秩序，服从于几何形的图案，从而取得音乐性、节奏感和装饰效果。

高更的理论和实践影响了一些使用象征语言的画家，他们组织起的艺术社团纳比派，推动了象征艺术的发展。高更对于20世纪的现代派艺术，特别是对超现实主义有重要影响。

修 拉

法国画家，新印象主义的倡导者和组织者。生于巴黎一个笃信宗教的家庭，卒于巴黎。1878年入巴黎国立高等美术学校学习。在学生年代，他临摹过安格尔的《泉》和其他古典大师的画。1879年普法战争期间，修拉参加国民自卫军，画了许多彩色铅笔速写。1881年退伍，回到巴黎独立作画，并学习德拉克洛瓦的明亮色调和P.皮维斯·德夏瓦纳绘画的严密组织结构，对于米勒用古典的形式表现现代题材，也很神往。修拉有广泛的兴趣和爱好，他研究美学和光学，并从科学家的著作中寻求光和色彩的知识。为发展色彩感觉和色彩混合的理论，他涉猎了萨特等人的著作。美学家C.亨利主张艺术创作要依据科学的观察，对他影响

尤大。受这些著作和现代光学理论的启发，他首先演绎出分割法的理论和运用色彩对比的绘画方法。所谓分割法，就是在画面上使用小块纯色，不在调色板上调混颜料。这样，中间色在观赏者的眼中自然混合而产生。这种方法使颜色的调和达到最鲜明的效果。分割法是色光的混合，能增加光量，提高反射率与明度。此外，修拉还特别注意将色彩、线条的表现性与感情的特质结合起来，并概括和提炼出一种科学法则，讲究艺术表现的理念化和秩序感。

修拉的早期作品虽然在技法上还明显地保存着印象派的特点，但整体效果比印象派更简练概括。1884年，他以自己的分割法理论创作了油画《阿涅尔的浴场》，这件作品遭到春季沙龙的拒绝。这年夏天，一群年轻的画家组织独立沙龙，这幅画在独立沙龙上公开展出。1884—1886年，修拉完成了大幅油画《大碗岛星期日的下午》

《大碗岛星期日的下午》

（207×308厘米），描绘巴黎近郊大碗岛上人们欢度星期天的情景。为创作此画，他画了20余幅预备性的素描和将近20幅的油画稿。修拉在创作过程中自始至终注重光线与明暗的关系，注意对比现象和追求反射的色彩的均衡或类比关系。

修拉作为新印象主义的首领，所采用的分割法，具有革新的意义，创造了绘画的新境界。但这种方法过分理性和科学化，又包含着危险性，可能会有损于或者会阉割艺术家感觉的真实性。当修拉面对自然时，他的画富有生气和魅力；而当他按照法则和观念作画时，作品显得抽象化和概念化。

《马塞港的入口》

西涅克

法国画家，新印象主义的倡导者和组织者，生于巴黎，卒于巴黎。西涅克最初学建筑，1880年参观莫奈的画展后转学绘画，并和一些印象主义画家交往，临摹德加、马奈的作品，他于1884年与修拉结为至交，开始接受新印象主义理论，并成为这一运动的骨干人物。他比修拉更热衷于色彩的光学理论，他在1899年写的《从德拉克洛瓦到新印象主义》，是新印象主义的理论著作。1886年，应毕沙罗之邀，与修拉一起参加了第八届印象主义展览，这届展览体现出印象主义运动的终结和新印象主义的诞生。1888年，他参加了安特卫普的"二十人展"。1908年，被选为独立画家协会的会长，直到去世。

西涅克的早期作品是航海途中

的速写，画风清晰明朗。19 世纪 80 年代中期的油画，采用印象主义技法。从 1886 年起，他用新印象主义的分割法作画。1910 年以后，创作了很多注重色彩的装饰性和表现效果的水彩画。西涅克的画富于炽烈的情感，他常以红色作为基调，采用各种协调的、镶嵌画似的点描法绘制，他的代表作有《圣特罗佩港的出航》(1902)、《马塞港的入口》(1922) 等。

博纳尔

法国画家，生于丰特奈 – 欧罗斯，卒于勒卡内。1885—1888 年在巴黎学法律，1888 年后转入巴黎美术学院和朱利安学院学画，结识德尼、维亚尔和塞律西埃，共同组成纳比派，成为该组织内风格独特的画家。这个阶段的作品主要是广告、舞台美术设计和插图，在风格上主要受日本浮世绘和 H.de 图卢兹 – 洛特雷克的影响，较有特点的是带有东方趣味的镶板画、屏风画和室内装饰。1899 年，纳比派分裂。博纳尔定居巴黎，主要从事版画插图和油画创作，逐渐放弃了早期的装饰风格，转而研究莫奈、德加等印象主义画家的色彩和新印象主义的技法。作品取材多为室内景、静物和裸体模特。到 1920 年后，基本形成个人的风格面貌，代表作品有《逆光下的女裸体》(1908) 和《乡间餐厅》(1913)。版画插图有《达芙尼与克罗依》(1902) 和《自然史》(1904)

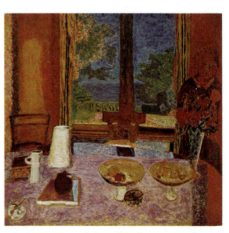

《乡间餐厅》

等。博纳尔是个多产的画家，生前曾在巴黎（1924，1937）、纽约（1928）、斯德哥尔摩（1939）举办过个人画展。他的作品分别为欧美各大现代美术馆收藏。

马蒂斯

法国画家，20世纪西方早期的前卫派——野兽主义的代表，生于皮卡第的勒卡托，卒于尼斯。少年时期接受古典教育，学过法律，后在律师事务所当职员。1890年养病期间，开始练习绘画，并决定献身艺术。1892—1899年，进入巴黎国立高等美术学校的G.莫罗画室学艺。其间曾到卢浮宫临摹普桑和夏尔丹等大师的作品。1896年在国际美协沙龙回顾展中展出4幅作品，获得成功。在马蒂斯艺术的形成过程中，印象主义对他有所启发，使他去直接观察自然，表现自然界瞬息变化的美，作品色彩明亮鲜艳。1904年夏，马蒂斯曾和新印象主义画家西涅克在地中海滨的城市圣特罗佩一起作画，1904—1905年的《奢华、宁静与愉悦》，不论取材或技巧，都和西涅克的作品相近。不过，对马蒂斯影响最大的是塞尚。当马蒂斯经济还不大宽裕时，竟收购了塞尚的油画《三浴女》。塞尚的作品使马蒂斯领悟到可以在不损害造型、结构和色彩本质的情况下，保持印象主义明亮的光线和鲜明的色调。1936年他将此画赠给巴黎小皇宫收藏。

马蒂斯对东方各国（主要是日本）和非洲艺术很感兴趣。东方艺术的平面性、写意性和装饰性，驱使他在油画领域内追求写意化。非洲艺术的稚拙、质朴和豪放，适应了20世纪初西方美术家创造原始性艺术的要求。马蒂斯风格的演变，很大程度上得益于非洲艺术的影响。

1905年巴黎的秋季沙龙中，有

马蒂斯的《敞开的窗户》和《戴帽子的女人》两幅油画展出。参加这次展览的还有德兰、马尔凯、芒金、弗拉曼克、鲁奥等人。这些被称为野兽派的画家，反映了当时青年人追求革新的美术思潮。马蒂斯认为，野兽时期是绘画工具的试验，必须以富于表现力而意味深长的，即将蓝、红、绿并列和融会的方式来表达。

1906年前后，马蒂斯曾先后到西班牙、意大利和中东各地旅行，参观了大量文化遗迹和民间艺术，随着视野的扩大，画风有所改变。在油画《蓝色的裸女》（1907）、《红色的和谐》（1908—1909）中，他有意修正野兽主义时期过分狂暴的表现方式，而创造出了较为宁静、庄重的画风，使野兽主义的风格更加完美。此后，马蒂斯的画风比较稳定。1910年以后画的《红色的画室》，是前一阶段画风的继续；而《构图·黄色的窗帘》则受到立体主义的影响。在第一次世界大战期间画的《画家与模特》（1916）、《钢琴课》（1916），表现出作者内心的不安和激动。1920年前后，大概是受了马约尔和雷诺阿的女人体的启发，画了不少女人体，表现女性的柔情和健美。有时他把女人体以室内景的东方图案作背景，画面华美绮丽。马蒂斯透过人的形象，表现出接近于宗教情感的人生观。他画的《白色羽毛帽》（1919）、《弹曼陀铃的女人》（1921），形式生动活泼，色彩和线条紧密结合，韵味很浓。人物的各种微妙细致的感情，

《戴帽子的女人》

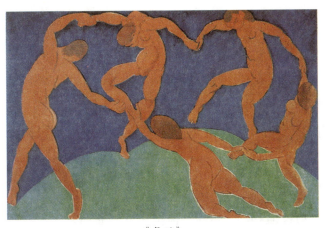

《舞蹈》

内的整体装饰服务，尤其重视彩色玻璃的作用。他避开了生活中悲惨与暗淡的一面，表现出对光明的肯定和赞美，对生命的憧憬和追求。但他的这些作品遭到罗马教廷的批评。

如自信、乐观、冷漠、空虚等，都通过整体形象来表现。

马蒂斯早期油画富有装饰性，1910年前后，他又在装饰性的壁画领域进行探索。学习民间艺术和宗教艺术的表现手法，设计了建筑装饰壁画《音乐》、《舞蹈》（1909—1910）。这些作品以大块的平面色彩和单纯的画面为特点，有很强的表现力。马蒂斯的同一壁画题材，往往有不同的构图、色彩和造型的处理，表达出不同的感情。

马蒂斯在1947—1951年为法国南部旺斯多明女修道院玫瑰经礼拜堂作装饰设计中，他试图把光线、色彩、素描和雕塑都来为室

马蒂斯设计过壁挂、舞台美术，如为芭蕾舞《红与黑》设计服装及布景，还先后为马拉梅、龙萨、波德莱尔的诗集创作过插图。在这些大至整块墙面，小至十几厘米的画面上，他运用色彩、线，创造出令人神往的图景。20世纪30—40年代，他画的以勾线为特征的素描、版画，共158幅，以《主题与变化》的总标题发表，在黑白变化中凝聚了他长期以来对单纯美的探索结晶。

马蒂斯还从事剪纸艺术。他一生完成大小剪纸300件左右。他认为，剪纸包含的线条、色彩和构图

要素的处理难题，不亚于其他绘画形式，而在解决线与色的结合上，却有特殊的作用。并且，它不受绘画在动笔、着色以后不易改动的限制，能不断地进行新的排列和组合，探求最满意的效果。

马蒂斯还是出色的雕塑家。最初，他赞赏 A. 罗丹的技巧，但很快发现，他与罗丹之间存在着不同艺术观念的鸿沟。他批评罗丹在完成细节时忽略整体。他在雕塑中追求的主要韵律是安详、和谐和宁静，作品具有阿拉伯风格和写意化的倾向。从《奴隶》（1900—1903）、《马黛琳娜 1 号稿》（1901）到《让内特》（1910）、《贝壳里的维纳斯》（1930），反映了马蒂斯在扭曲的形体和夸张的动作中，在强调了韵律和节奏中，重视艺术中特有的感觉的价值。他在 1909—1929 年间做了人体背部浮雕连作的试验，追求简约抽象的造型，反映了他对形式感的浓烈兴趣。

马蒂斯艺术风格和野兽主义的出现，标志着西方美术发展到"形式革命"的阶段。他们把形式提高到独立的地位，追求具有均衡性、纯粹性以及清澈性的艺术。这种艺术没有麻烦和令人沮丧的题材，试图以纯粹优美的形式，给人以愉悦感。马蒂斯的艺术虽然含有唯美主义的倾向，但总的基调是健康和明朗的，他把东方和非洲艺术的一些特点，融合到西方艺术之中，推动了西方写实主义的艺术向表现性、写意化方面的转化。他的故乡勒卡托和卒地尼斯分别建有马蒂斯美术馆。

库尔贝

法国画家，写实主义美术的代表人物，生于奥尔南一个农场主家庭，卒于瑞士的拉图尔德佩。早年学过法律，后改学美术。1839 年到巴黎，除向几个画家学画外，以主要精力观察社会生活，并研究和临摹一些美术馆中的名画，包括卡拉瓦乔、J.de 里韦拉、F.de 苏尔瓦兰、委拉斯开兹等的油画。库尔贝的早年油画带有浪漫主义色彩，但已显示出他后来创作的主要倾向，即以写实的手法反映客观对象。这阶段的作品有一些自画像以及带自画像性质的油画，如《带黑狗的自画像》（1842，巴黎小宫博物馆藏）、《受伤的男子》（1844，巴黎卢浮宫博物馆藏）等。其中《带黑狗的自画像》曾在 1844 年沙龙展览会上展出。但引起更多注意的是《奥尔南午饭后的休息》（里尔美术馆藏）。此画在 1849 年的沙龙中展出，获得二等奖，并为国家收购。他创作的盛期是从 1848 年革命开始的。当时，法国社会上进步思潮活跃，哲学家蒲鲁东、诗人波德莱尔、评论家尚弗勒里等给他以支持。按照沙龙美术传统，大型的纪念碑式油画一般只被用来表现宗教神话和帝王贵族历史之类题材内容，可是库尔贝自《奥尔南午饭后的休息》起，却打破这一惯例，用纪念碑式的大型油画形式来反映法国平民的日常生活。1849—1856年间，库尔贝一些最重要的作品问世。油画《碎石工》表现了贫苦工人的艰苦劳动，记录了画家在路上目睹的情景。画中两个受生活折磨的工人形象具有深刻的概括性含义，正如他在致友人的一封信中提到此画时所说的那样："在这样悲惨的生活中，这就是他们的一切啊！……看吧，贫困和不幸就是这样无遗留地表现出来了。"库尔贝这种如实地再现法国平民悲惨生活的画面引起了强烈的社会反响。《碎石

《碎石工》

工》原藏于德累斯顿国家艺术收藏馆，1945年被烧毁，如今只留下了一些印刷品。同年，库尔贝绘制大型油画《奥尔南的丧礼》，其情节取自法国外省的民间丧葬风俗。画中描绘了40多个等身大的参加丧仪者，包括哀伤的亲友和当地居民以及神态冷漠的市长、检察官和教士们。《碎石工》《奥尔南的丧礼》和他的另外6幅油画一起展出于1850年沙龙时，受到保守舆论的猛烈攻击。有人说画家把"下等的劳动者"和"卑俗的乡下佬"引到"高贵的"艺术中来。与此同时，进步的社会舆论则予画家以热情支持。如蒲鲁东赞扬这些画具有深刻的政治意义和社会意义。尚弗勒里也认为库尔贝的艺术具有光辉的前途。50年代前期，他的作品有《乡村姑娘》（1851—1852）、《筛麦的女人》（1854）、《库尔贝先生，你好！》（1854）、《浴女》（1853）、《帕拉沃斯海景》（又名《库尔贝向地中海致敬》，1854）。《帕拉沃斯海景》描绘画家本人站在海边，以景写情，抒发了他初次见到地中海时的激动心情。1855年，作大型油画《画室》（巴黎卢浮宫博物馆藏）。画家自称此画为"概括了我七年艺术和道德生活的真实的寓

《奥尔南的丧礼》

义"。画中的人物和道具都有一定的寓喻，例如，画架后面的石膏像，是对僵化了的学院艺术的讽喻。这幅画连同《奥尔南的丧礼》一起，被1855年万国博览会评选团否决。库尔贝愤而在博览会附近搭一个棚子，举办了命名为"现实主义：库尔贝的40件作品"的个人画展。他还在画展目录上写下了阐明自己艺术见解的文字。这段文字后来被人们称为库尔贝的现实主义宣言。他声称："要像我所见到的那样如实地表现出我那个时代的风俗、思想和它的面貌……创造活的艺术，这就是我的目的。"他强调艺术要表现当代现实生活，又说："现实主义就其本质来说是民主的艺术。"

19世纪60年代前后，库尔贝主要创作风景画、肖像画、静物画和人体画，如《泉》（1868，巴黎卢浮宫博物馆藏）、《蒲鲁东像》（1853—1865，巴黎小宫博物馆藏）等。他的画，有些是以调色刀刮颜料，并与稳重有力的笔触结合而绘成，给人的印象是造型结实，质感强烈。库尔贝的声誉在国外与日俱增。1869年，其作品在慕尼黑举办的万国博览会上受到欢迎。由于考虑到库尔贝的国际影响，拿破仑第三政府决定授予他荣誉勋章，但被他拒绝。

1871年巴黎公社期间，库尔贝当选为公社委员和美术家联合会主席。公社失败后，因被指控与捣毁旺多姆广场拿破仑纪功柱事件有牵连而被捕，被判处半年徒刑和巨额罚金。后来有文献证明，他实际

《筛麦的女人》

085

上并未参与此事。在狱中，库尔贝在小本子上画了巴黎公社失败的悲壮事件，如素描《枪杀》《在狱中》（均藏巴黎卢浮宫博物馆）等。他晚年亡命瑞士，客死异邦。

库尔贝在他的写实主义宣言中确立了以反映生活的真实为创作的最高原则，并肯定了平民生活的重要性和巨大意义。他的艺术实践和理论对 19 世纪的其他写实主义画家及其以后的印象主义画家，有深远影响。

门采尔

德国油画家、版画家，写实主义绘画的倡导者，生于布雷斯劳一个石版印刷工人家庭，卒于柏林。13 岁开始自学绘画。1830 年迁居柏林，随父学习石印技术，曾受过短期石膏和人体写生训练。1839—

1842 年，受雇为《腓特烈大帝史》一书作插图，为真实地反映历史，他研究档案资料和历史遗物，共作插图 600 幅，成为知名的插图画家。以后，他画过一些普鲁士的宫廷生活和城市风景画。1848—1849 年，柏林爆发的资产阶级民主革命遭到复辟王朝的镇压，门采尔为表达对人民革命的敬意，画了《3 月死难烈士的葬礼》。这幅未完成的画采用叙事性的构图，真实记录了这一悲壮的历史场面。王朝复辟后，门采尔被召为普鲁士宫廷画家，主要从事历史画创作。著名的《腓特烈大帝生平》是以皇帝生平中重大的历史事件为题材的油画组画。在这套组画中，门采尔按历史的本来面目，不加粉饰地再现了普鲁士君王的生活和历史。其中描绘战争场面的《霍赫基希战役中的腓特烈和士兵》，描绘生活情景的《腓特烈大帝的长笛音乐会》（1850—1852）、《腓特烈大帝在里萨宫》（1856）等集中体现了他的艺术才能。代表门采尔最高艺术成就的是直接取材于现实生活的作品。

从 19 世纪 40 年代起，门采尔创作了大量风俗画、风景画和肖像画。这时期的主要作品有《阿尔布雷希特亲王的宫殿花园》（1846—1847）、《波恩-波茨坦铁路》（1847）、《操场剧院》（1856）。普法战争以后，德国钢铁工业和机器制造业兴起，标志着现代文明新纪元的开始。门采尔敏锐地感受到新时代的气息。1875 年，他创作了大幅油画《轧钢工厂》，这是德国美术史上第一件反映工业革命的作品。在这幅画中，他以朴实无华的笔调真实地描绘了工业生产热火朝天的场面，讴歌了产业工人的劳动创造精神，同时也表达了画家对工人贫穷辛劳生活的同情。门采尔淳朴的艺术风格在他晚期的油画《维罗纳市场》中表现得尤为突出。这是反映当时城市生活的风俗画，他选取拥挤嘈杂的市场和普通的人物，展示城市

《腓特烈大帝的长笛音乐会》

《轧钢工厂》

生活的情景。类似的作品还有《霍夫加施泰因的礼拜行列》等。晚年，门采尔任柏林大学名誉校长，政府授予他布雷斯劳荣誉公民和柏林荣誉公民称号。他一生中创作了大量的油画、版画、水彩画和素描，可惜许多珍贵的作品在第二次世界大战中毁于炮火，保存下来的一部分收藏在德国各大博物馆。

列 宾

俄国画家，巡回展览画派的代表画家之一，生于乌克兰的丘古耶夫，卒于圣彼得堡郊区库奥卡拉。列宾自小跟丘古耶夫的圣像画师学画圣像。1863年秋末，到圣彼得堡求学，先在美术家奖励会举办的业余学校补习，翌年1月通过考试，成为皇家美术学院的学生。19世纪60年代，列宾一方面接受严格的学院艺术训练，同时经常参加圣彼得堡自由美术家协会组织的星期四晚会，接受I.N.克拉姆斯科伊的指导。1871年，参加了学院的毕业生命题创作竞赛，获得金质大奖章。同时，他开始构思《伏尔加河上的纤夫》。这幅揭示社会现实生活的作品，使俄国风俗画增添了新的语言。

1873年5月，列宾获得公费去法国进修的机会，在那里创作了《渔民的女孩》（1874）、《祈祷的犹太人》（1874）、《巴黎咖啡店》（1875）等作品。1876年回到俄国，开始了他创作上的盛期。在故乡丘古耶夫，他完成了作品《祭司长》（1877），画中塑造了俄国僧侣阶级性格粗暴、妄自尊大的典型特征。之后又创作了《库尔斯克省的宗教行列》（1880—1883）。他借助小城镇的宗教习俗，反映80年代俄国人民的生活，揭示了农村中由于资本主义的发展而导致阶级分化的加剧。他还画有几幅出色的历史画。在《索菲亚公主》和《伊凡雷帝杀子》（1885）中，画家把历史

《查波罗什人写信给苏丹王》

人物复杂、矛盾的精神面貌，通过戏剧性的场面揭示出来。另一幅历史画《查波罗什人写信给苏丹王》，则以英雄的群像和乐观的色彩，描绘了17世纪查波罗什部落的一段历史。画面上20多个人物，表现了查波罗什人热爱自由和勇敢豪迈的性格。列宾还以19世纪后期俄国民粹派反对沙皇专制的政治斗争为题材，创作了一组油画。其中闻名的有3幅《拒绝临刑前的忏悔》、《意外的归来》和《宣传者被捕》。

列宾也是出色的肖像画家，他把肖像画称作"最有现实意义的绘画体裁"。他为同时代的名人作了一系列肖像。其中《穆索尔斯基肖像》（1881），画于音乐家生命垂危的时刻，但在画面上并不感到他是重病的人。列宾为文艺评论家 V.V. 斯塔索夫作过好几幅肖像，作于1883年的《斯塔索夫肖像》，把这位博学多才、热情、无私，有时也带些偏激情绪的学者的风貌，作了生动的描绘。列宾还作过《托尔斯泰肖像》，为这位文学大师，作了深入而又朴实的写照。他还喜欢用轻松、欢快的笔调，描绘自己的亲人和密友。如《蜻蜓》（1884）、《休息》（1882）和《秋天的花束》（1892）等，是类似风俗画的肖像画。

1901—1903年间，列宾绘制了巨幅群像画《国务会议》。他事先为这些沙皇俄国的官僚作了很多写生习作，以高超的技法，对官僚们的冷酷和庸俗作了深刻的揭露。

《伊凡雷帝杀子》

列宾后期的作品，如《决斗》《多么自由》《果戈理焚稿》以及描绘 1905 年革命事件的油画和铅笔速写稿《红色葬礼》《驱散示威游行》《1905 年 10 月 17 日的示威游行》等，已不能与早期作品相比，在绘画语言上缺乏鲜明的表现力。

列宾在改革后的皇家美术学院任教 14 年，为俄国绘画学派培养了一代后起之秀。自 1900 年起，列宾定居在圣彼得堡附近的库奥卡拉庄园别墅，称作彼纳塔（1948 年起改称列宾镇）。这里在十月革命后属于芬兰，列宾一度与祖国失去联系。在十月革命后他虽有回国的

愿望，但由于年老体弱和其他一些原因，始终未能如愿。在晚年，他以自传体的形式写了回忆录《抚今追昔》，写下了自己童年和青年时代的经历，回忆了他和艺术家们的交往，以及他主要作品的创作经过，还附有他对当时欧洲绘画的评论及书信 10 余篇。这本读物对了解 19 世纪后期俄国的艺术概况，很有参考价值。

列维坦

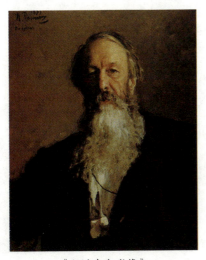

《斯塔索夫肖像》

俄国画家，生于立陶宛基巴尔塔一个铁路职工家庭，卒于莫斯科。早年曾在莫斯科绘画雕塑建筑学校学习，因父母早逝生活贫困，常因缴不起学费而受到退学的威胁。青年时代，由于他的犹太血统，受到大俄罗斯沙文主义的压迫，他的作品充满了忧郁，但他热

爱大自然，画面基调明丽欢快。

在列维坦学生年代的作品《黄昏》（1877）、《春天·有太阳的日子》（1877）中，可以看到他的老师 A.K. 萨夫拉索夫的影响。1879年，他的一幅《林间小路》（又名《索柯尔尼基之秋》）为当时收藏家和艺术鉴赏家特列恰可夫看中，并收购了这幅作品，这对列维坦是极大的鼓舞。1884年毕业后便专事风景画创作。1888年左右，列维坦崭露头角，在他充满朝气的《伏尔加河组画》中，显示了用抒情的笔调再现自然的才华。组画中的《傍晚》《雨后》《白桦丛》，已是相当成熟的作品。他善于抓住景色中平凡的角落，表达大自然内在的意蕴，引起人们丰富的联想。

19世纪90年代，是列维坦创作的盛期。他的4幅作品《深渊旁》（1892）、《弗拉基米尔路》（1892）、《晚钟》（1892）和《墓地上空》（1894），是他在风景画中表现时代气息的探索。与《伏尔加河组画》对俄罗斯自然景色的赞美不同，表达了当时压抑的社会情绪。

《林间小路》

《春水·大水》

《白桦丛》

被称为俄国历史风景画的《弗拉基米尔路》，描绘的是一条沙皇黑暗统治形成的路。十字路口孤独的墓碑和路标、阴霾的天空、游动的云块，加强了画面的悲怆和凄凉气氛。《深渊旁》反映一个姑娘为爱情而殉身于死水潭的故事。整个画面寂静而恐怖，具有传奇的色彩。《晚钟》画的是俄国古城的一角，在明丽的色调中包含着沉郁，传达了人们对古老过去的精神寄托。他两年以后画成的《墓地上空》，综合了前3幅作品的联想和情绪，以纪念碑式的构图，描绘了雷雨将临、狂风骤起的时刻。画面具有宏伟、苍劲的旋律。

90年代中期，俄国革命运动面临新的高潮，社会上进步势力的活跃，影响到列维坦的精神面貌。他开始在作品中流露出对生活的信心。因此在他生命的最后5年中，创作了一系列基调愉快和欢乐的作品。如1895年展出的3张风景画：《伏尔加河上的清风》、《三月》和《金色的秋天》，流露了列维坦内心的激动与喜悦。之后，他因健康原因到意大利、瑞士、法国疗养，其间画了不少风景画，如《科莫湖》

《勃朗山》等，画中虽表现了他高超的技法，但无亲切的感情。在这阶段中，列维坦研究印象派画家的技法，并从中吸取了值得借鉴的东西。但他没有局限于对光、色客观的追求，而是对形象进行高度的概括。在他后期的一些作品中，如《春天·大水》《农村中的月夜》《黄昏里的草垛》《夏天的傍晚》，可以看到上述的特点。他在逝世前不久完成的《湖》（1899—1900），运用明朗、轻快的色彩节奏，对自然的形象进行了高度概括，是他艺术上不断探索的总结。

从 1898 年起，列维坦回到他的母校莫斯科绘画雕塑建筑学校从事教学工作。1900 年 6 月初，因带领学生外出写生而得了感冒，引起心力衰竭而去世。

康定斯基

法籍俄裔画家、艺术理论家、诗人、剧作家，生于莫斯科，卒于法国塞纳河畔讷伊。长期在国外活动，是德国青骑士社的组织者、抽象主义的奠基人。

生平 康定斯基从小对绘画、音乐和民间艺术感兴趣，原在莫斯科大学学习法律和政治经济学。1896 年移居慕尼黑，最初师从 A.阿茨贝，后拜师学院派画家 F.von 施图克。1901 年决定离开学院自辟新路。1901 年创立美术社团

《鹿特丹》

同志会，1903—1908 年，与德国女画家 G. 明特尔一起到意大利、荷兰、突尼斯旅游，并较长时间在巴黎逗留。

《抒情曲》

康定斯基的作品曾在 1906—1907 年巴黎的秋季沙龙展出。他在欧洲画坛为人所知，是在 1909 年建立了慕尼黑新美术家协会之后。当时，他任该会的主席。

但在 1911 年，他又和 F. 马尔克组织《青骑士》编辑部，导致新美术家协会分裂，把德国表现主义运动推向成熟阶段。康定斯基于 1917 年回到俄国，十月革命后被任命为莫斯科人民教育委员。因对现状不满和自己的艺术主张与苏维埃的文艺政策相抵触，1921 年以接受德国魏玛包豪斯学校的邀请为理由离开苏联，直到 1933 年包豪斯被封闭，他都在该校任教。1924 年，他与 A.von 亚夫伦斯基、L. 费宁格、P. 克利组织青色四人社。从 1933 年起，定居讷伊，1939 年获得法国国籍。

政治思想 康定斯基在 1917 年俄国社会主义十月革命期间回到了故乡，参与了革命后的文化艺术的复兴工作，他提出的资产阶级性质的文化纲领，无法被苏维埃政权接受。面临轰轰烈烈的革命现实，他感到恐惧，以为"一切将崩溃"；对于工业、科学和技术的迅猛发展，也感到恐慌和不安。他认为当宗教、科学和道德观念均已动摇的时候，人们找不到任何依靠，便从外部转向他们自身。因此人们离开当前的、没有精神的生活，转向无物质追求的、精神自由的实体和思想。由此，他提出了"精神革命"的理论，得出了艺术应该摆脱客观物质世界的束缚，转向抽象化的结论。

艺术理论 康定斯基 1911—1912 年最早画出了抽象的绘画，被认为是抽象主义的鼻祖。他的抽象主义理论集中于其著作《论艺术的精神》《关于形式问题》《论具体艺术》《点、线、面》中，这些著作已有中译本（1987）。他的理论归纳起来有以下 4 点：①艺术类似自然、科学、政治形式，是一个自为的领域，只被自己的、仅是对于它自身的规律统治着。②抽象的绘画是通过心灵体验和创造的，画家用内在的眼睛看世界，抽象作品传达出事物的内在声音。③色彩和形状都有其内在的音响，色彩是能直接对心灵产生影响的手段，色彩宛如键盘，眼睛好比音锤，心灵好像绷着许多弦的钢琴，艺术家就是弹琴的手，有意识地接触各个琴键，在心灵之中激起震动。康定斯基受叔本华思想的影响，认为绘画和音乐一样是完全抽象的艺术。他从小喜爱音乐，在组织青骑士社期间，特别欣赏 A. 勋伯格的超出调性的乐曲，试图把这种抛弃了调性原则的音乐转译为绘画。④主张即兴的、无目的、无意识的创作。

康定斯基的这些理论，有其合理的因素，尤其是触及抽象形式的美感、绘画中的音乐性、创作者的主体作用、创作过程中偶然性的作用等方面，提出了值得人们思考和研究的问题，但也含有很大的片面性，过分夸大了抽象艺术和抽象形式的作用和意义。康定斯基对抽象形式的诸要素有专门的研究，他正确地指出，一些色彩的价值在某些形体中可能增强，在另一些形体中，却又可能削弱；但他又片面地

《白色线条》

认为，精神世界表现于不常见于自然界的圆形、矩形、三角形和梯形之中。他夸大抽象形式的作用："一根竖线和一根横线相结合，产生一种近于戏剧性的音响。一个三角形的尖角和一个圆圈产生的效果，不亚于米开朗琪罗画上的上帝的手指接触着亚当的手指。"

创作 康定斯基擅长油画、水彩画和版面，早期作品采用的是印象主义、新印象主义的技法，并常常把民间艺术的成分糅合进去。他受到过野兽主义的影响，如画《蓝色的山》（1908），重视线的作用，他还用高更的色彩表现空间法及修拉的点彩技法。在1910年的油画《构图2号》中，骑士和其他人物的形象几乎是用色彩的块面和线条图案暗示出来的。从这时起，他的作品开始采用音乐名称，诸如《乐曲》《即兴曲》《抒情曲》等。在1910年的水彩画中，强烈颤动的色彩相互作用，线构成平面，所有客观描绘的成分消失，已经是纯粹的抽象绘画。不过，在画出最初的抽象画以后，康定斯基并未立即完全抛弃客观物象，他似乎徘徊了一段时间，以后又继续纯抽象的绘画。1914年，康定斯基作组画《秋》《冬》，用抽象的线、色、形的动感、力感、韵律感和节奏感来表达季节的情绪和精神。1921年离开苏联到魏玛包豪斯学校教学时，受俄国至上主义和构成主义的影响，从自由的、想象的抽象转向几何的抽象。这种变化的过程见于1920年的《白色线条》等作品。

在以后年代的创作中，康定斯基试图把抒情的抽象和几何的抽象有机地结合起来，在几何形的结构与造型中，配以照亮的光和柔和的色彩，某些平面使人联想到埃及和美洲印第安人的象形文字，有神秘的色彩。30年代，康定斯基与J.米罗、J.阿尔普等人交往密切，画风受他们的影响，充满着幻想、幽默、谐谑的趣味，涂绘也相当自由，除抽象的线、色以外，还有一些如生物胚胎的图形。

马列维奇

俄国画家，生于基辅，卒于列宁格勒（今圣彼得堡）。俄国几何抽象画派至上主义的倡导者。他解释说："所谓至上主义，就是在绘画中的纯粹感情或感觉至高无上的意思。"很显然，这是摒弃描绘具体客观物象和反映视觉经验的艺术。马列维奇曾在莫斯科绘画雕塑建筑学校学习。1904—1905年，运用印象主义技法作油画《花姑娘》。1908年他的水粉组画《农民》，寻求变形美和稚拙感。1912年，在驴尾巴展览会上陈列《手足病医生在浴室》，风格接近塞尚的《玩纸牌的人》。之后，他又受立体主义和未来主义的影响。他

是俄国第一届未来主义艺术家大会宣言的起草人之一，还为未来主义歌剧《太阳那边的胜利》作舞台和服装设计。1914—1915年展出第一批非逻辑绘画。1915年12月，在"0.10"展览会上，展出最早的至上主义作品《黑方块》。十月革命以后，参加了左翼美术家联盟，同时在人民教育委员会、艺术家协会和第三国际的有关机构中任职。1918年为马雅可夫斯基的诗剧《宗教滑稽剧》设计布景和服装。应夏加尔之邀，马列维奇到维切布斯克任教。后又到列宁格勒研究形式理论。他的著作《无物象的世界》由

《卖花女郎》

包豪斯出版。1930年，他被苏联有关部门当作与德国有勾结的嫌疑犯逮捕入狱，获释后放弃纯抽象的风格。至上主义是受唯心主义哲学影响的形式主义派别。马列维奇提倡的表现纯粹感情和感觉的艺术，在当时是脱离革命实践和群众的，但是作为一种形式试验，对于工艺、装饰、实用艺术，又有一定的价值。

《埃利森女士》

卡萨特

美国印象主义女画家，生于宾夕法尼亚州阿勒格尼城，卒于法国巴黎附近。童年时代多半在法国与德国度过。1858年回美国，1861—1865年进宾夕法尼亚美术学院学习。南北战争后到法国，短期跟学院派画家夏普兰学画。1872—1876年间卡萨特参加了巴黎每年的沙龙画展，但是由于她的画接近印象派风格而受抨击。后画家德加邀请她参加印象派，遂不再送画去沙龙，而参加了1877、1879、1880、1881、1886年的印象派画展；同时也送画到美国展览。她的绘画受德加的影响，其油画《在蓝色椅子中的女孩》（1878，私人收藏）的一部分背景是德加画的。另一力作《埃利森女士》，表现了她的独特风格。她很喜欢莫奈、西斯莱、毕沙罗的风景画，19世纪80年代中期作品明显表现出受到他们的影响。

她在看了1890年巴黎的日本浮世绘印刷品展览后，直接受其感染，创作了一套10幅的套色版画，其中包括《母亲的爱抚》（1891）。1904年获法国荣誉军团骑士勋章，并多次获得美国的奖项。

戴维斯

美国画家，1894年9月7日生于费城的一个艺术家庭，1964年6月24日卒于纽约。他高中未毕业便随R.亨利学画。亨利主张学生根据自己的特点去发展个性，发挥个人丰富的想象力，并要求学生用自己的眼睛在平凡的生活中去发现美，捕捉美，寻找创作灵感。这种教学方法对戴维斯以后的艺术实践产生深远的影响。1910年他到纽约，曾一度为《哈泼周报》作插图。来自欧洲的现代艺术引起了他的广泛兴趣，对凡高、高更和马蒂斯的绘画尤为注意。起初他受印象主义的影响，以后更多地倾向表现主义。1921年，他尝试半立体主义的创作方法，画了很多抽象的静物画。

1928—1929年间，他在欧洲旅行中画了一些抽象主义的城市风景。回到美国后，他的画风焕然一新，各种形体、图案和色块悦目地出现在画面上，字母、单词或短语都成了画中的内容。他不是单纯从事物本身出发，而是从意识感受中去创造一种形体，是通过这种独特的艺术语言，折射出对美国社会和大都市所独有的感受。这种艺术热情奔放，同爵士音乐的节奏很合拍。1939年他为世界博览会绘制了高10米、宽33米的巨幅壁画。1944年在纽约现代美术馆举办了个人回顾画展，获得成功。1957年，他为纽约联合国总部所作的壁画设计获得头等奖。在美国，他被公认为20世纪初期第一流的抽象主义画家。

波洛克

美国画家，行动绘画（又称抽象表现主义）的主要代表人物，生于怀俄明州的科迪城，在纽约州驾车失事丧生。他最初对雕塑感兴趣，曾在纽约学生联盟随 T.H. 本顿学画。但他感兴趣的是 D.A. 西凯罗斯、J.C. 奥罗斯科的作品。之后又迷恋 H. 霍夫曼的画。30 年代末至 40 年代初，为联邦艺术计划部工作。1943 年举办个人画展，从此得到美国现代派美术收藏家 P. 古根海姆的资助。1945 年波洛克从纽约市迁往郊区长岛，开始了他的行动绘画的创作。《整整五寻》（1947）是用油彩和铅在画布上创作的，顿时名声大噪，毁誉不一。1946—1950 年的作品或用优雅的线，如《蓝色无意识》（1946）；或在画面厚涂繁复的色彩，如《灼眼》

（1946）。1951 年，他的画风突然变得平静、柔和，出现暗示具体物象的模糊轮廓。这期间，他的部分作品是黑白的，如《黑与白·第五号》（1952）；部分是色彩布满整个画面的滴流画，如《集中》（1952）；还有厚彩作品，如《气味》（1955）。波洛克在成名之后陷入极端的矛盾和苦闷之中，他对自己的行动绘画似乎失去信心，几乎停止创作。

波洛克行动绘画的作画过程一般是：把画布钉在地板上，围着画

《气味》

布像踏着舞步似地走动，用棍棒蘸上油漆，任其在画布上滴流。他摒弃画家常用的工具，并且将沙、玻璃碎片或其他东西掺杂在颜料里面，使其成为稠厚的流体。他声称，预先不知道画什么，而是经过认知的阶段后，才看到自己到底画了什么。波洛克的行动绘画，是为了摆脱手腕、手肘和肩膀的限制，便于画家表现无法自控的内在意识和行动。在这方面，波洛克的抽象表现主义或行动绘画是继承了超现实主义的表现潜意识的观念和自动主义手法的。

德·库宁

荷兰籍美国画家，生于鹿特丹，卒于美国东汉普顿。最初在阿姆斯特丹韦滕斯哈彭美术技术学院学画，1916 年起从事商业广告工作。1926 年移居美国，受戈尔基和波洛克的影响，改变了早期写实的手法，尝试用毕加索和康定斯基的抽象形式作人物画。20 世纪 30 年代，是德·库宁探索和尝试的阶段。这一阶段的作品手法多样，面貌各异，主要作品是为艺术联合会威廉斯堡房产联营会作的壁画草图和为纽约 1939 年世界博览会所作的壁画。19 世纪 40—50 年代是德·库宁个人风格形成时期，他与

《女人与自行车》

戈尔基、波洛克等人积极合作，成为美国抽象表现主义的核心成员之一。1948年，在C.伊根画廊举办首次个人画展，声名鹊起。这个时期的作品主要描绘肖像和裸体。最有代表性的作品是一组女性形象的连作，如《女人6号》《女人与自行车》等，综合了康定斯基、波洛克、毕加索等人的手法，创造了人物形象与背景融合混杂的空间，即他所称的无环境绘画。这种特点一直保留在他晚期的绘画中，即使是纯抽象形式的绘画，仍可感触到人与自然间的关系以及这种特有的空间混杂性，如《谁的名字写在水上》（1975）。1980年，德·库宁与西班牙籍雕塑家E.基利达共同获得美国匹兹堡A.W.梅隆国际奖。